처음 시작하는 인형옷 패턴 교과서

어떤 종류, 어떤 사이즈에도 적용되는
패턴의 기본과 응용, 입체 재단까지!

| 아라키 사와코 지음 · 안나진 옮김 |

라의눈

처음 시작하는 인형옷 패턴 교과서

저자
아라키 사와코

디자인
다나카 마코

촬영
다마이 히사요시 · 가츠라 타카노리

편집
스즈키 요코

협력
주식회사 VOLKS / 주식회사 오비츠 제작소/ 주식회사 연금술공방
주식회사 다카라 토미/ 주식회사 크로스 월드 커넥션즈
주식회사 그루브/ 주식회사 아존 인터내셔널
주식회사 펫워크 돌 사업부/ Tonner Doll Company

ドールソーイング BOOK 型紙の教科書 －ドール服の原型・袖・襟－ 大型本 荒木 さわ子 (著)

Copyright ©Sawako Araki 2015/HOBBY JAPAN
All rights reserved.
Original Japanese edition published by HOBBY JAPAN CO.,Ltd
Korean edition copyright © 2016 by Eye of Ra Publishing Co.,Ltd
This Korean edition is published by arrangement with HOBBY JAPAN CO.,Ltd., through AMO AGENCY, Seoul. Korea.

이 책의 한국어판 저작권은 AMO 에이전시를 통해 저작권자와 독점 계약한 라의눈에 있습니다. 저작권법에 의해 한국 내에서 보호를 받는 저작물이므로 무단 전재와 무단 복제를 금합니다.

CONTENTS

패턴 만들기 전에 **재료와 편리한 도구** 4

Chapter 1. 디자인 정하기 8
Chapter 2. 패턴을 만들자! 12
Chapter 3. 거유 보디의 패턴 19
Chapter 4. 패턴의 전개 25
Chapter 5. 소매를 만들자! 32
Chapter 6. 칼라를 만들자! 47
Chapter 7. 패턴의 마무리 60
Chapter 8. 패턴의 확대·축소 63
Chapter 9. 이 책의 저작권에 관해 73
Chapter 10. 패턴 30종의 해설 76

특별부록 패턴 30종(실물 크기) 89

인형옷 만들기 초보자 토끼 씨   인형옷 만들기 마스터 고양이 선생님

※ 패턴 만들기 전에 재료와 편리한 도구 ※

인형 패턴 만들기에 필요한 재료와 편리한 도구를 소개할게요.

그중에는 평소 양재에서 쓰지 않는 아이템도 있어요.

주변에 있는 것을 이용해서 편하고 빠르게!

그리고 돈도 절약되니, 즐겁게 패턴을 만들어요!

탄력 붕대

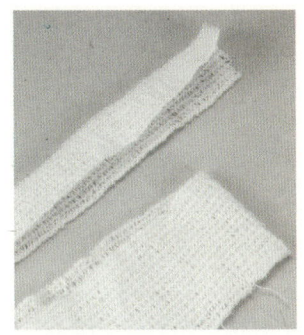
↑ 요즘 나오는 붕대는 대부분 얇은 것이 많으므로, 작은 인형은 세로로 반을 접고 큰 인형은 2겹으로 겹쳐 만들어 사용하면 감기 편합니다.

↑ 각종 마트나 약국 등에서 판매

보디를 토르소 대용으로 사용하기 위해 붕대를 감습니다. 반드시 신축성이 있는 붕대를 사용해 주세요. 이 책에서는 폭 5cm 정도인 붕대를 씁니다. 다양한 색의 붕대도 있지만, 반드시 흰색 붕대를 사용하세요. 색깔 붕대를 쓰게 되면 키친타월을 대고 작업할 때 인형 보디에 표시한 라인 테이프가 잘 보이지 않게 돼요.
또한 레이온 소재가 들어간 붕대는 미끄러지기 쉽기 때문에 작업하기 어려우니 피해 주세요.(폴리에스테르 제품은 괜찮습니다.)

접착 붕대

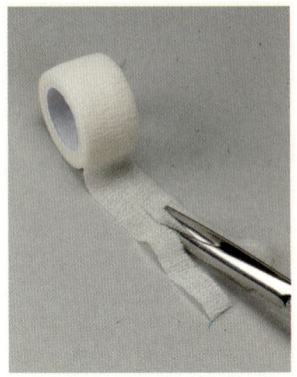
↑ 어디를 자르든 올이 풀리지 않아 편리

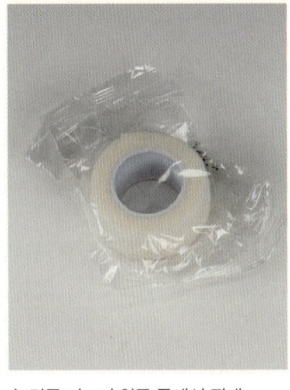
↑ 각종 마트나 약국 등에서 판매

인형 피부에는 안 붙고 붕대끼리만 붙습니다. 일반 붕대로는 감기 힘든 작은 인형일 때 사용하면 편해요.
이 붕대를 인형에 감았을 때 아직은 보디가 변질되거나 하는 등의 문제는 없었습니다만, 시간이 지나면 변색되거나 끈적거릴 수 있으니 작업 후 가능한 빨리 인형 보디에서 떼어내는 것이 좋습니다.
피부색과 비슷한 붕대도 있지만, 키친타월을 대고 작업할 때 보디에 표시한 라인 테이프가 잘 안 보일 수 있으니 반드시 흰색(또는 오프 화이트(하양에 가까운, 회색이나 황색을 띠는 하얀 색)- 옮긴이)을 선택하는 게 좋아요.

라인 테이프

↑ 손으로 자를 수 있고, 곡면에도 붙일 수 있습니다! 떼었다가 다시 붙여서 수정하기에도 편해요.

↑ 먼지가 묻지 않도록 사용 후에는 반드시 봉투에 담아 보관하도록 합니다.
델리타 컬러테이프 1.5mm×20m 블랙

라인 테이프는 보디에 허리나 앞 중심 등을 표시할 때 씁니다. 폭이 1.5mm 정도인 것을 사용하는 것이 작은 인형이든 큰 인형이든 간에 두루두루 사용할 수 있어서 좋아요. 양재 전문 매장보다는 문구점이나 화방 등에서 파는 경우가 많습니다.(양재용품점이나 마트 등에서도 파는 경우가 있지만, 폭이 넓은 제품인 경우가 많습니다.)
색은 반드시 검정색을 사도록 합니다. 다른 색은 키친타월을 겹쳤을 때 라인 테이프가 잘 안 보여요.
저는 사진 속 제품을 몇 년째 사용하고 있고 인형에 착색되는 경우는 아직 없었습니다만, 신경 쓰이는 분은 작업 후 바로 떼어내는 게 좋아요.

키친타월

↑ 무늬가 없는 것을 사는 게 좋습니다.

↑ "다이소" 등에서 저렴한 제품을 구입해 사용하면 되지만, 두꺼운 키친타월은 꿰매서 사용할 수도 있어요!
빨아 쓰는 키친타월 종류

패턴 제작은 일반적으로 천으로 작업하지만, 인형옷의 경우 키친타월을 이용하면 혹시라도 너무 많이 잘랐을 때 테이프로 다시 붙일 수 있어 편리합니다. 저렴하다는 장점도 있지요. 저렴한 것으로 어떤 제품이든 사용할 수 있지만, 무늬가 없는 것을 사는 게 좋습니다.(무늬나 선이 방해돼서 작업하기 힘들기 때문이에요.)
키친타월 표면의 올록볼록한 작은 돌기가 신경 쓰이는 분은 다 쓴 랩의 심 등으로 평평하게 편 후 사용하시면 됩니다.
두꺼운 키친타월은 튼튼해서 큰 인형의 바지나 코트 등의 패턴 제작에 사용하기 좋습니다. 실로 꿰맬 수 있어서 천 대용으로 잠깐 사용하기도 합니다.

아플리케용 시침핀

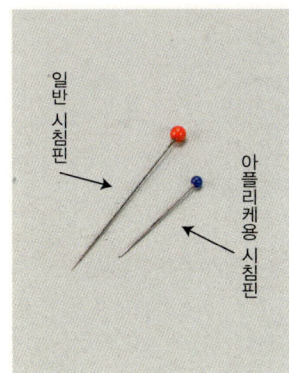
일반 시침핀
아플리케용 시침핀

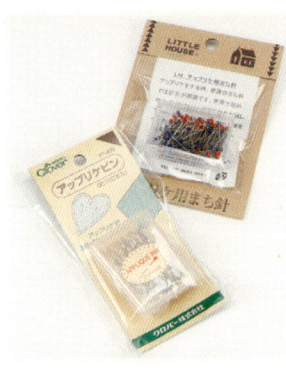
Little House "아플리케 시침핀"
클로버 "아플리케 시침핀"

크기가 작아서 1/6 인형의 패턴 만들기에 적합합니다.
일반 사이즈 바늘이 작업에 방해될 경우 이 시침핀을 사용합니다.
인형 패턴 작업을 할 때 무척 편리한 도구지만, 판매하는 곳이 적어 인터넷에서만 살 수 있다는 점이 좀 불편합니다.

마스킹 테이프

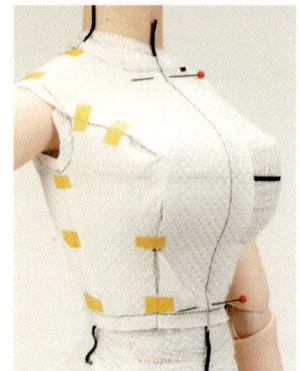
↑ 시침핀 대용으로 쓸 수 있습니다!

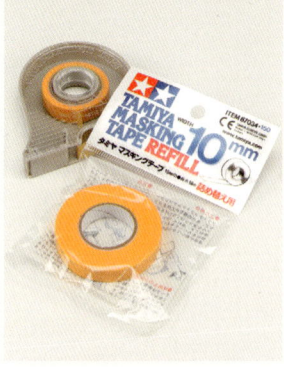
타미야 "마스킹 테이프10mm"

작업 중 보디 관절이 움직이지 않도록 붙여서 고정하거나, 또는 키친타월을 조립하거나, 천 재단 시 패턴을 배치하거나 할 때 시침핀 대용으로 사용할 수 있는 아이템입니다. 최근에는 예쁜 무늬가 있는 것도 있습니다. 접착력이 너무 강하지 않고, 떼어냈을 때 끈적임이 없는 것이 좋습니다. 보디에 직접 붙이는 경우도 있으므로 전문점에서 파는 것을 사면 좋아요.

멘딩 테이프

↑ 테이프 위에 연필로 쓸 수 있습니다!

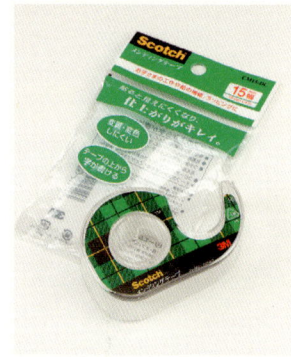
3M "멘딩 테이프18mm × 30m"

반투명 테이프입니다. 잘못해서 키친타월을 너무 많이 잘라버린 경우나 완성된 패턴을 붙여서 수정할 때 이 테이프를 사용합니다.
일반 테이프는 시간이 지나면 수축해버려 테이프를 붙인 종이가 쭈글쭈글해지는 경우가 있지만, 멘딩 테이프는 그럴 걱정이 적습니다.
그리고 붙인 테이프 위에 연필로 선을 그을 수 있어서 편리해요.

방안자

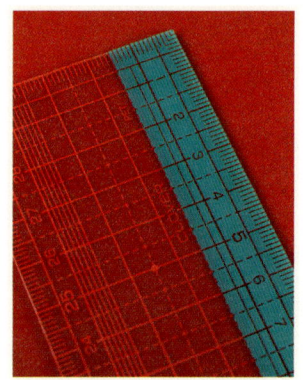
↑ 양재용 자는 진한 색이나 무늬가 있는 천에서도 눈금이 잘 보입니다!

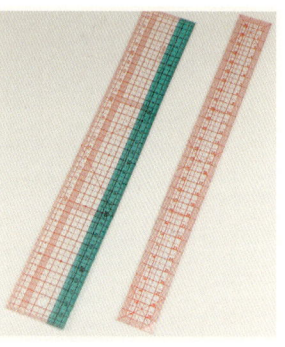
↑ 끝에 여백 없이 눈금이 끝까지 그어진 것을 추천
클로버 "방안자 30cm"
우치다 "방안자 30cm"

일정한 간격의 선을 그을 때 무척 편리합니다. 패턴의 시접을 그을 때 많이 사용해요. 여유가 있으면 30cm 자를 2개 사서, 그중 1개를 반으로 잘라 15cm 자를 만들어 두면 편리합니다.
양재 전문점 외에도 화방이나 사무용품점에서도 팔고 있어요. 여백 없이 눈금이 끝까지 있고, 잘 지워지지 않는 것을 추천합니다. 양재용 자는 진한 색의 원단에도 눈금이 잘 보이게 되어 있는 것도 있답니다!
바이어스 표시가 되어 있다면 편리하지만, 없어도 직접 그으면 됩니다.

5mm 방안용지

↑ 5mm 폭은 눈이 피곤하지 않습니다.

B4 5mm, A4 5mm 방안용지

키친타월로 만든 패턴을 옮겨 그리거나 패턴을 전개할 때 눈금이 있어서 편리합니다. 1mm 방안용지를 써도 되지만 눈이 피곤할 수 있으니 이걸 더 추천합니다.

마트에서도 판매하지만 종이가 두꺼우므로 조금 비싸더라도 화방이나 사무용품점에서 파는 것을 사는 게 옮겨 그리기 편합니다.

작은 인형옷을 만드는 분은 A4 사이즈, 큰 인형옷을 만드는 분은 B4 사이즈로 구입하시면 됩니다.

트레이싱 페이퍼

↑ 꿰맨 뒤에 떼어내기도 편합니다.

얇은 트레이싱 페이퍼

반투명 종이로 키친타월로 만든 패턴을 옮겨 그리거나, 패턴을 확인할 때 사용합니다.

밀착하면 거의 투명에 가깝게 보여서 편리합니다만, 너무 투명해서 연필로 그렸을 때 앞뒤 구분이 잘 안 되는 게 단점입니다. 지우개로 지울 때 '뒷면이었네'라는 경우가 많아서, 종이에 작게 '앞' '뒤'를 적어 놓는 것이 좋습니다.

옮겨 그릴 때뿐만 아니라, 촬영할 때 라이트에 씌워서 빛을 조절하거나 확산하기도 하고, 꿰매기 힘든 얇은 종이 아래에 겹쳐서 미싱으로 꿰맬 때도 쓰이는 등 다양하게 사용됩니다.

미니 다리미

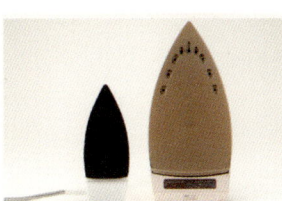

↑ 일반 다리미와 비교

↑ 끝이 뾰족해서 작업하기 편합니다.

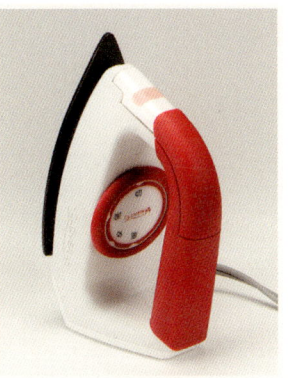

클로버 "패치워크 다리미"

패치워크용 미니 다리미는 인형옷을 만들 때도 중요한 역할을 합니다.

그 외에 여행용이나 스팀이 나오는 수입 제품도 판매되고 있습니다만, 되도록이면 끝이 뾰족하고 온도 조절이 가능한 제품을 추천합니다.

사진은 스팀 기능이 없는 제품입니다. 스팀 구멍이 없어서 접착심을 붙일 때 천을 눌러도 동그란 자국이 남지 않는 것이 좋습니다.

세밀한 작업을 할 때 편리할 뿐만 아니라, 금세 온도가 오르기 때문에 급하게 셔츠 칼라를 다리거나 수건 한 장을 다릴 때도 편리합니다.

Chapter 1.

디자인 정하기
— DESIGN —

인형옷 디자인, 생각만큼 어렵지 않아요~

Chapter 1. 디자인 정하기

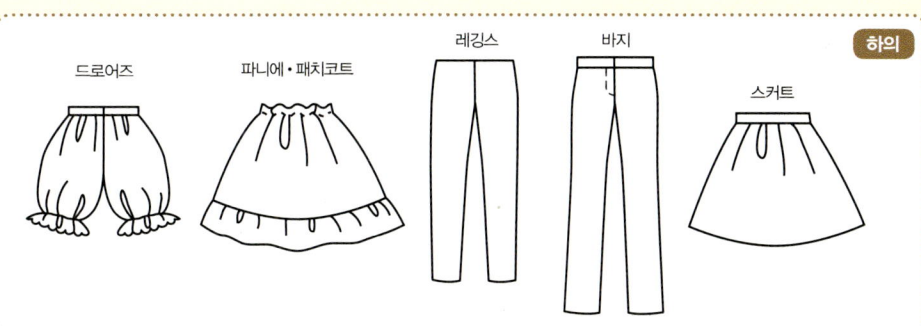

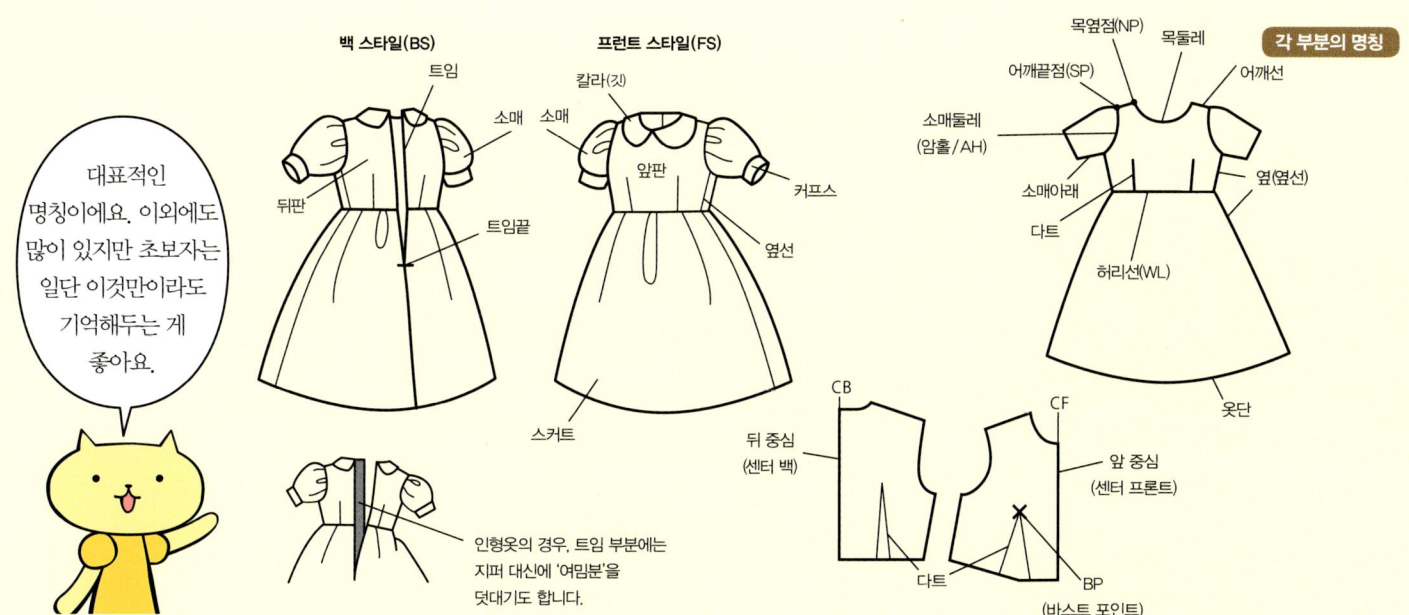

다양한 디자인을 구상해보자!

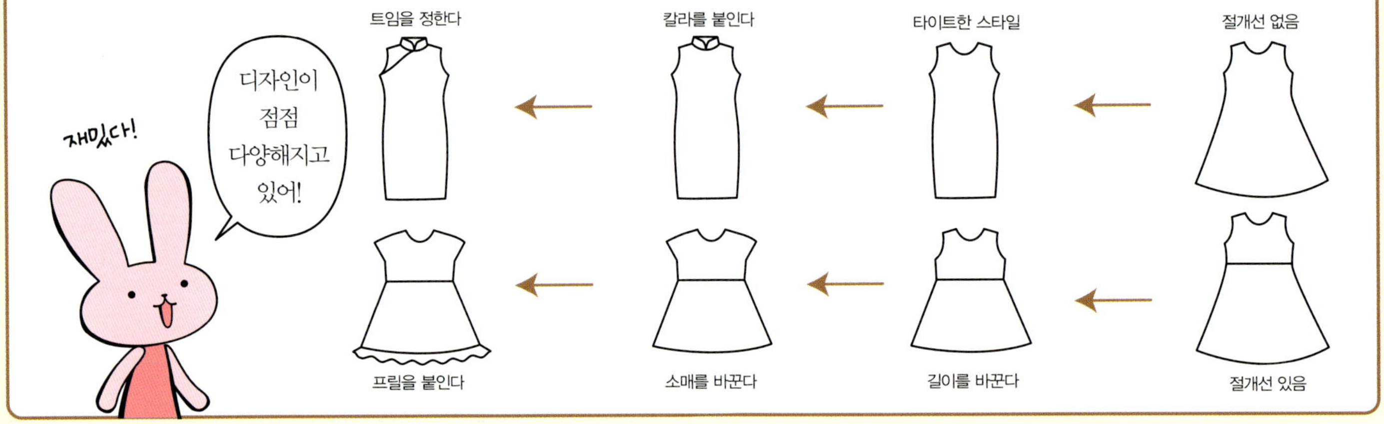

절개선 유무 — 원피스 (위아래가 붙어 있다) or 투피스 (위아래가 분리되어 있다)

"제일 먼저 투피스인지 원피스인지를 정하고"
"점점 세밀하게 디자인을 생각하는 게 좋아!"

이렇게 위아래를 나눠서 꿰맨 곳을 절개(또는 절개선)라고 합니다.

절개선 없음 → 길이를 바꾼다 → 소매를 바꾼다 → 칼라를 붙인다 → 트임을 정한다
절개선 있음 → 길이를 바꾼다 → 소매를 바꾼다 → 프릴을 붙인다

"디자인이 점점 다양해지고 있어!"
"재밌다!"

몸판
어깨 스트랩 | 베어 탑 | 홀터 넥 | 절개 | 하이웨이스트

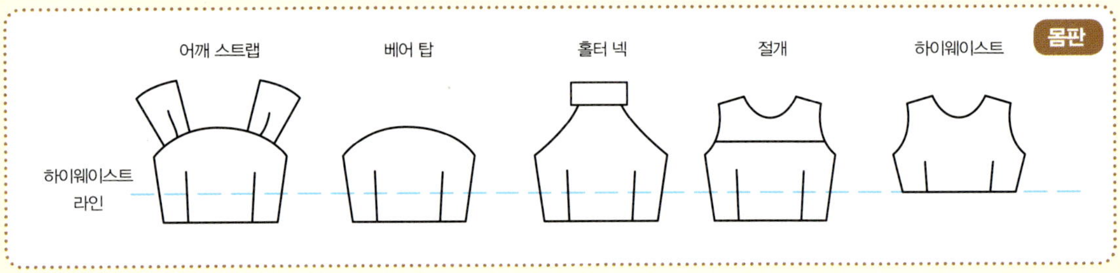

하이웨이스트 라인

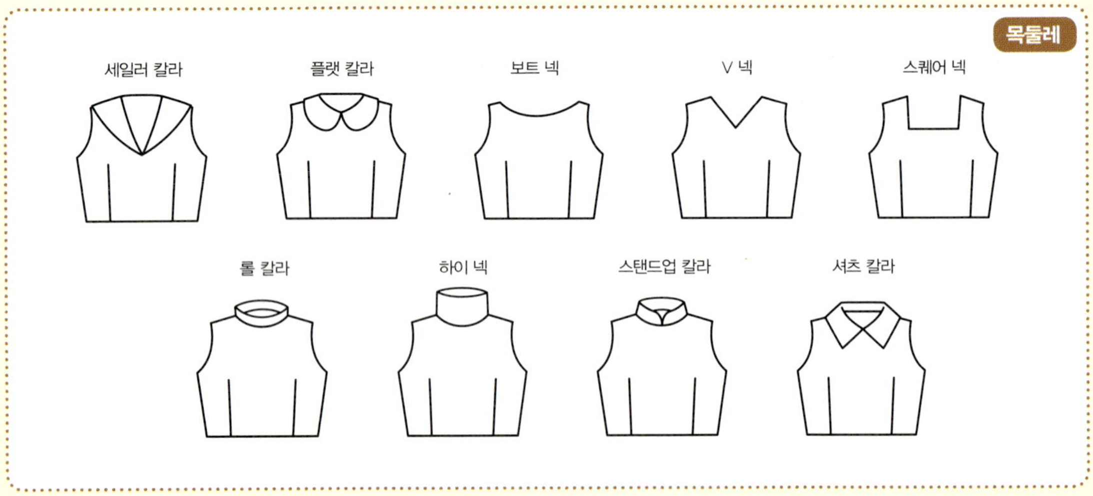

기본형

목둘레
세일러 칼라 | 플랫 칼라 | 보트 넥 | V 넥 | 스퀘어 넥
롤 칼라 | 하이 넥 | 스탠드업 칼라 | 셔츠 칼라

"프릴을 좀 더 넣어야지~♪"
"왼쪽 그림을 옮겨 그려서 다양한 디자인을 생각해 보자!"

Chapter 2.

패턴을 만들자!
― BODICE I ―

입체 재단,
쉽고 정확한 방법이
있어요!

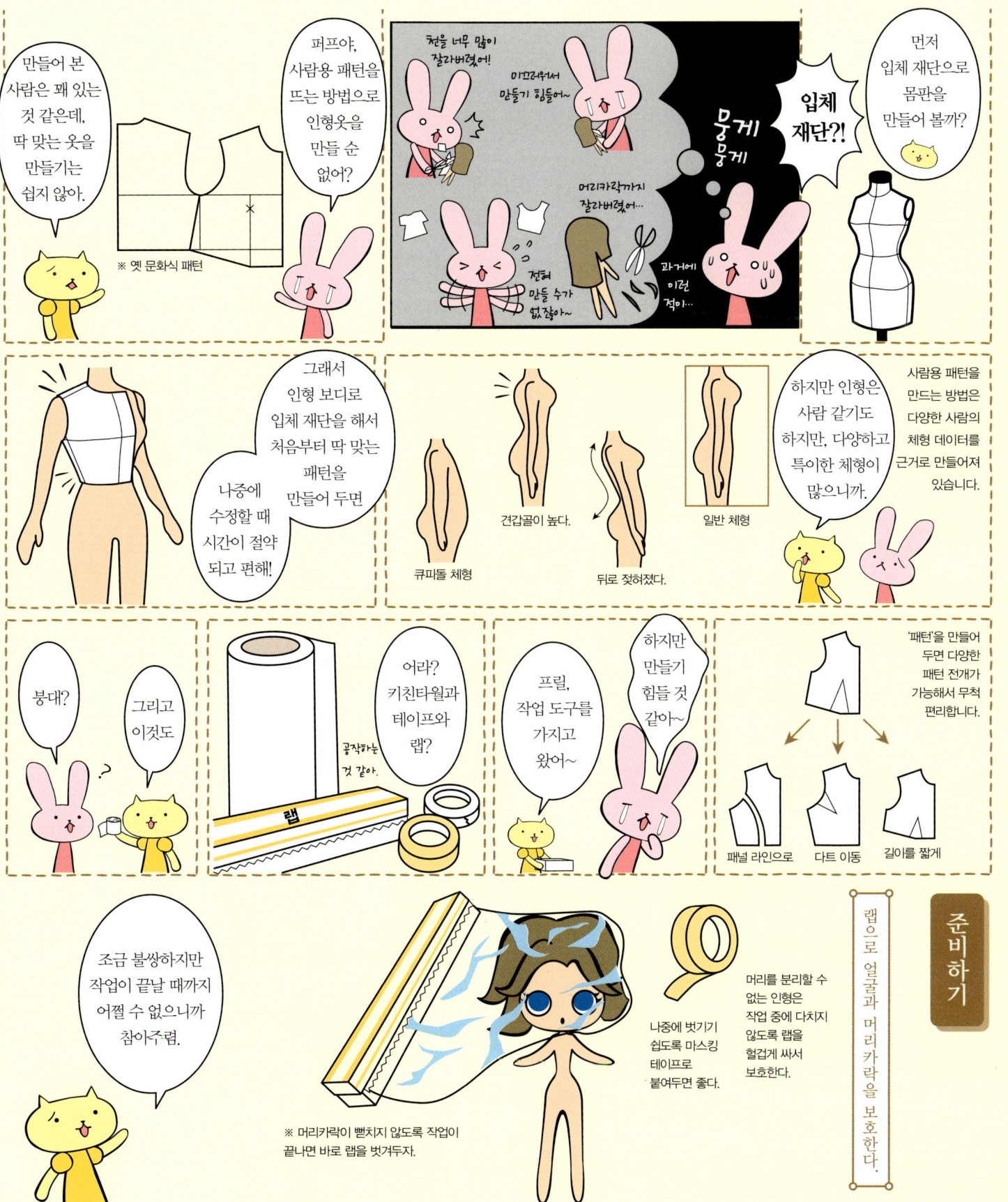

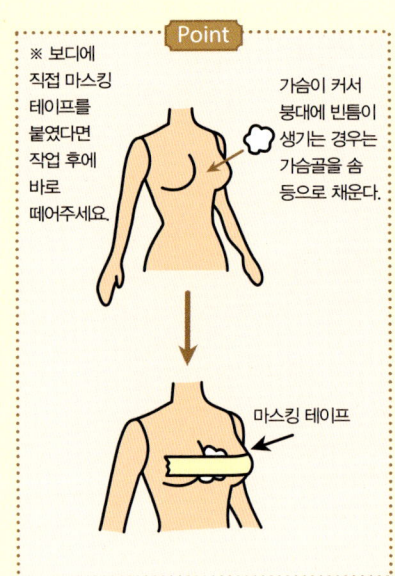

붕대를 보디에 감는다.

- ※ 보디에 직접 마스킹 테이프를 붙였다면 작업 후에 바로 떼어주세요.
- 가슴이 커서 붕대에 빈틈이 생기는 경우는 가슴골을 솜 등으로 채운다.
- 접착 붕대를 사용하면 미끄러지지 않고 작업이 수월합니다.
- ※ 붕대 재질에 따라 보디에 영향을 주는 경우가 있으므로, 안전한지 확인하고 사용하세요.
- 울퉁불퉁하지 않도록!
- 어깨도 감는다. (한쪽만 감아도 되지만, 어렵다면 양쪽을 감는다.)
- 신축성이 있는 붕대를 흘러내리지 않도록 세게 당기면서 보디에 단단히 감는다.
- 힙 라인까지 감고 안쪽으로 접는다.

보디를 붕대로 감았을 때 좋은 점

- ☆ 여유분이 생긴다.
- ☆ 시침핀을 꽂을 수 있다.
- ☆ 보디를 보호한다.

- 붕대가 미끄러워서 작업하기 어려울 때
- 인형이 너무 작아서 감을 수 없을 때
- 얇은 천으로 보디에 딱 맞는 옷을 만들고 싶을 때

이런 경우는 붕대를 감지 않고, 시침핀 대신에 마스킹 테이프로 작업해도 됩니다.

처음에 여유분을 두고 입체 재단을 하면 수정할 필요 없이 그대로 쓸 수 있어서 시간이 절약됩니다.

안감이 있으면, 시접 부분에 천이 4겹 두께로 두꺼워진다.

여유분이 없으면 완성 후에 뒤틀임이 벌어지는 경우가 있습니다.

겨우 완성했는데!

겉감 / 안감

보디에 라인 테이프를 감는다.

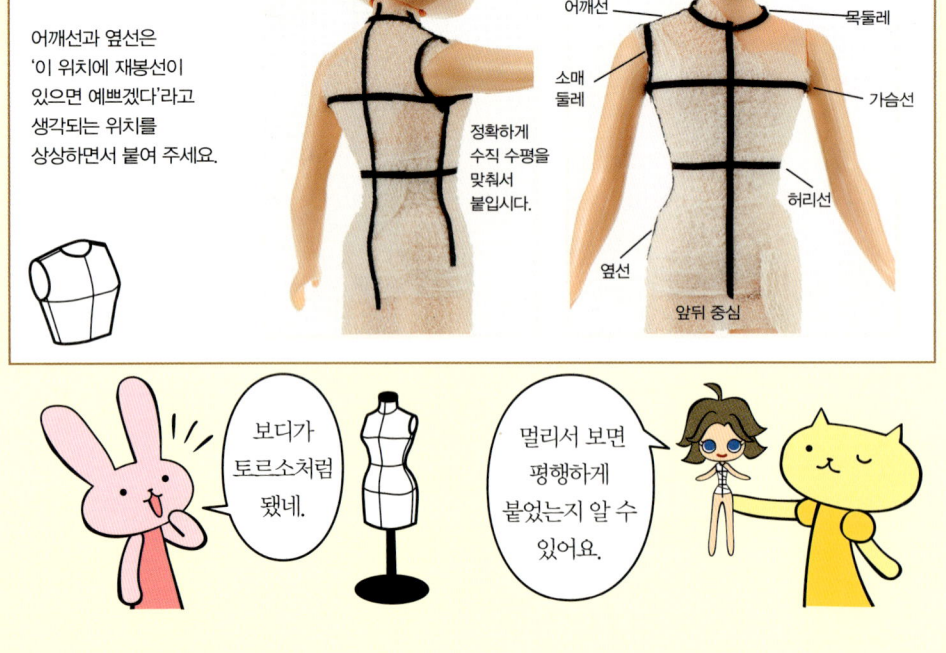

- 어깨선과 옆선은 '이 위치에 재봉선이 있으면 예쁘겠다'라고 생각되는 위치를 상상하면서 붙여 주세요.
- 정확하게 수직 수평을 맞춰서 붙입시다.
- 어깨선, 목둘레, 소매둘레, 가슴선, 허리선, 옆선, 앞뒤 중심

라인 테이프야. 이게 뭐야?

인형 크기에 따라 쓰기 쉬운 두께가 있지만 1.5mm 정도가 적당합니다.

- 보디가 토르소처럼 됐네.
- 멀리서 보면 평행하게 붙었는지 알 수 있어.

가지고 있으면 편리해요!

보디라인 테이프는 C 테이프, 그래픽 테이프라고도 불립니다. 검정색을 사용하세요.

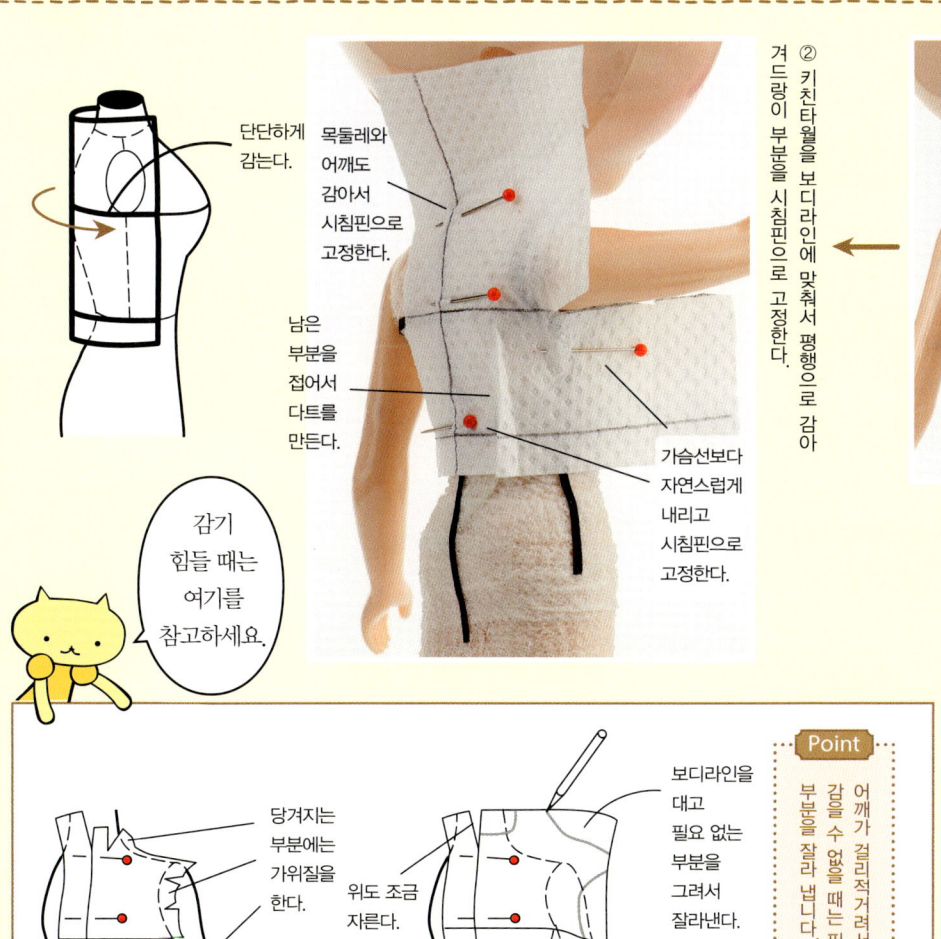
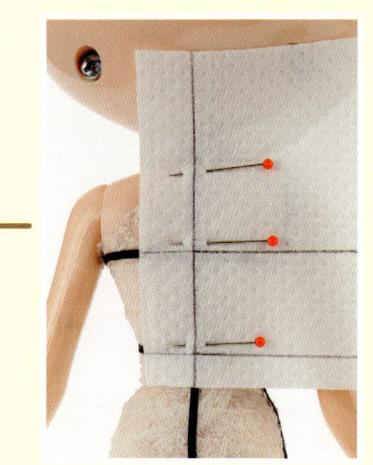
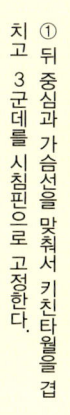
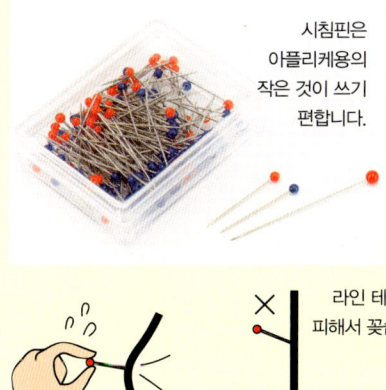

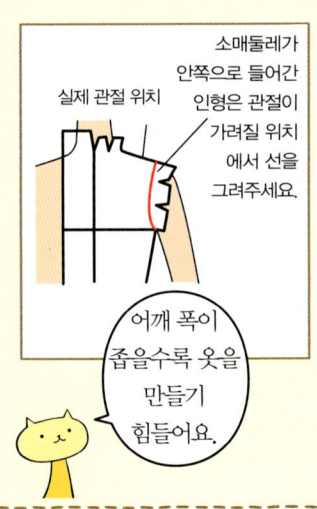
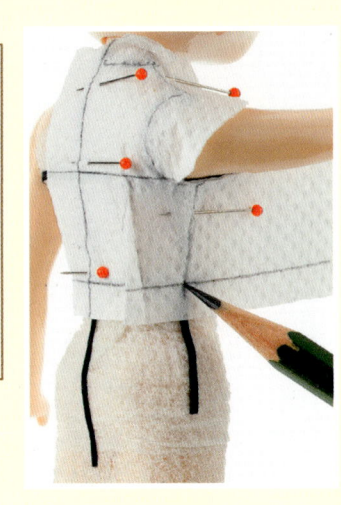
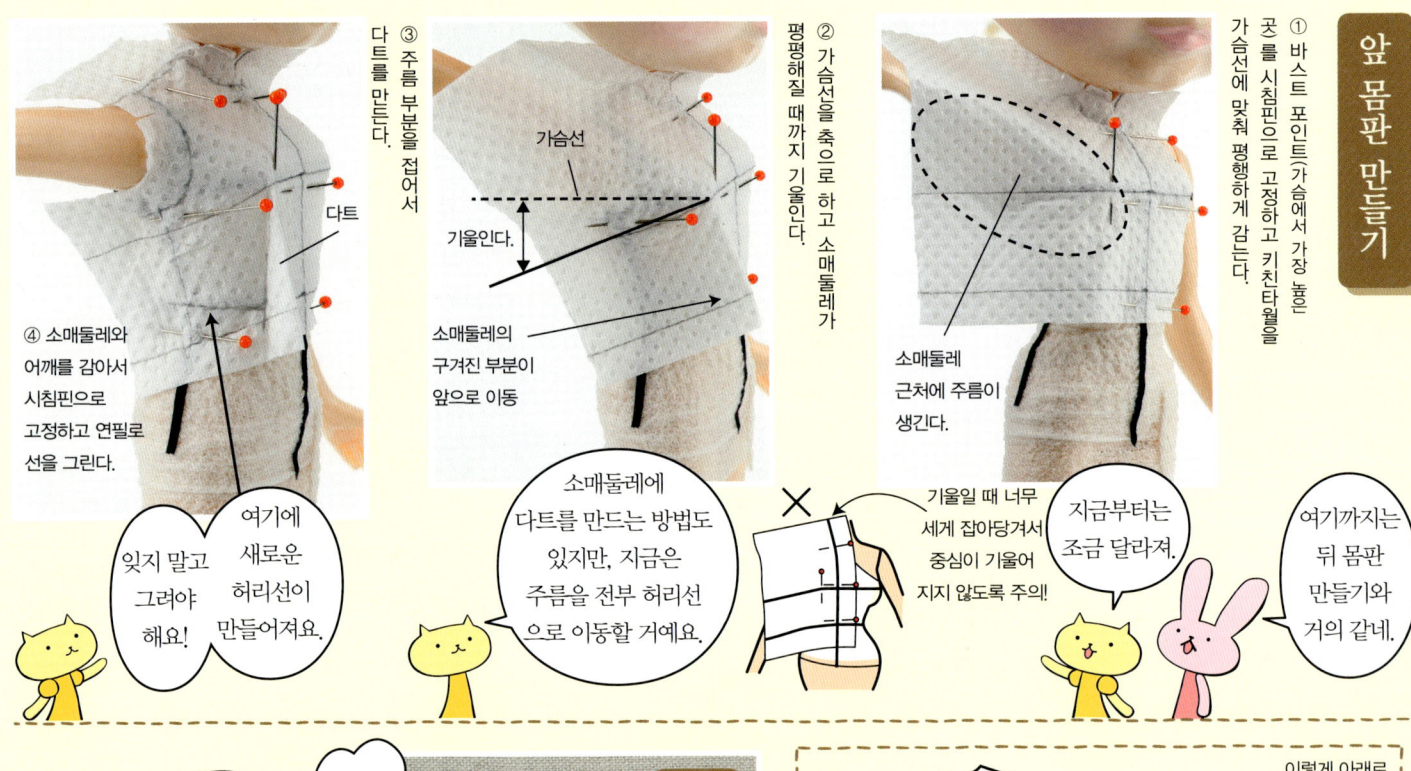
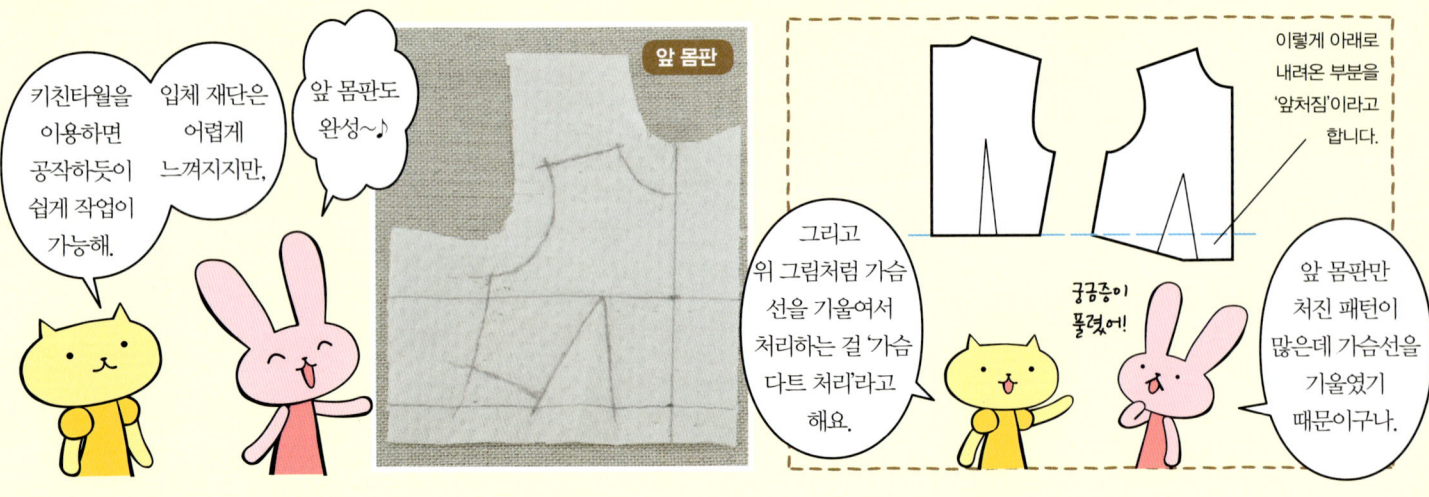

Chapter 2. 패턴을 만들자!

패턴 조립하기

앞에서 만든 패턴을 한 번 조립해 보자!

뭐? 아직 완성된 게 아니야?

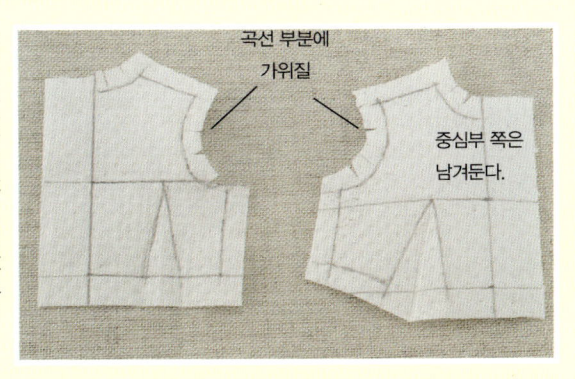

곡선 부분에 가위질

중심부 쪽은 남겨둔다.

제작한 패턴을 펼쳐서 시접분을 적당히 남기고 주변을 잘라낸다.

찢어진 부분은 셀로판 테이프가 아닌 멘딩 테이프로 보강·복구한다.

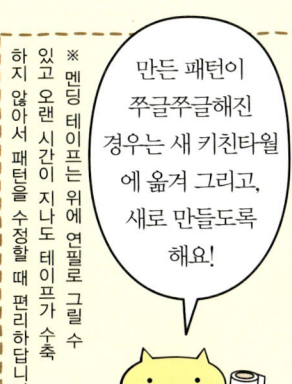

만든 패턴이 쭈글쭈글해진 경우는 새 키친타올에 옮겨 그리고, 새로 만들도록 해요!

※ 멘딩 테이프는 위에 연필로 그릴 수 있고 오랜 시간이 지나도 테이프가 수축하지 않아서 패턴을 수정할 때 편리하답니다.

패턴 조립하기

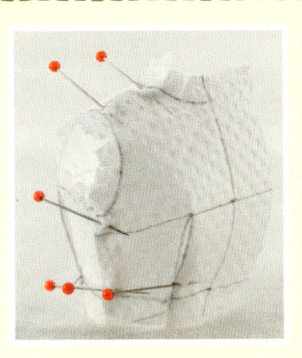

뒤 몸판의 시접에 어깨와 옆선을 겹쳐서 시침핀으로 고정한다.

점점 모양이 나오고 있어!

두근두근

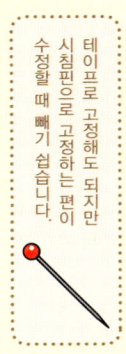

테이프로 고정해도 되지만 시침핀으로 고정하는 편이 수정할 때 빼기 쉽습니다.

패턴 접기

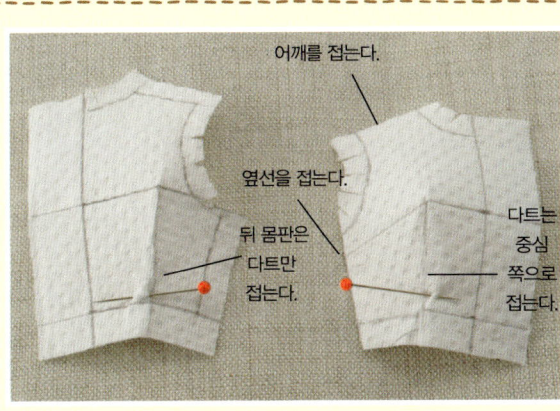

어깨를 접는다.

옆선을 접는다.

뒤 몸판은 다트만 접는다.

다트는 중심 쪽으로 접는다.

보디에 입히기

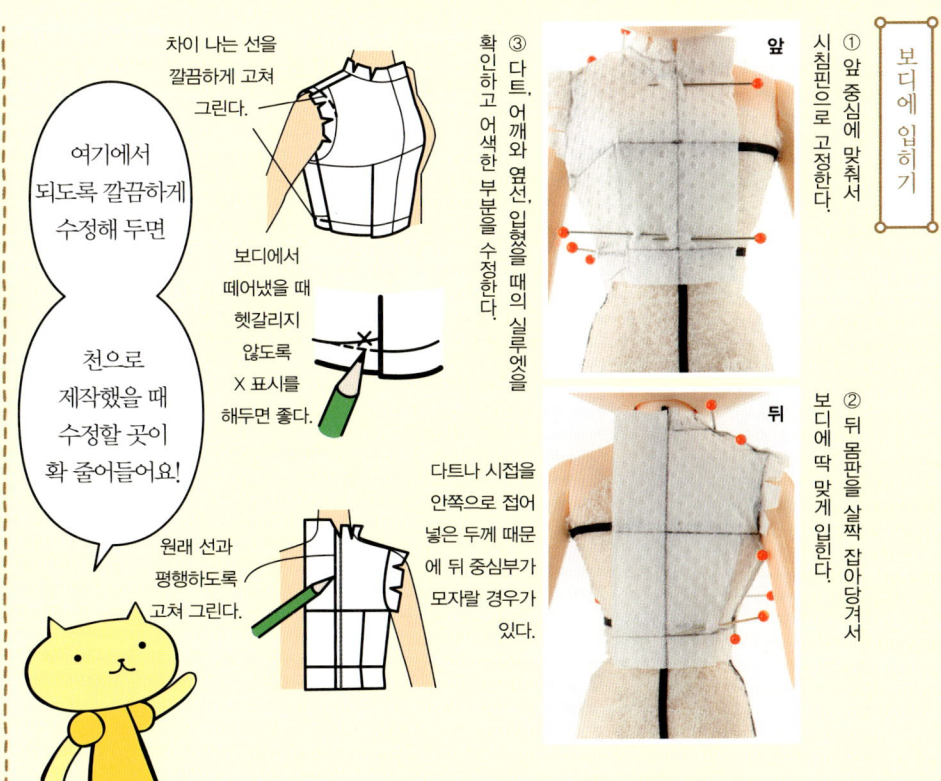

앞

① 앞 중심에 맞춰서 시침핀으로 고정한다.

뒤

② 뒤 몸판을 살짝 잡아당겨서 보디에 딱 맞게 입힌다.

③ 다트, 어깨와 옆선, 입혔을 때의 실루엣을 확인하고 어색한 부분을 수정한다.

다트나 시접을 안쪽으로 접어 넣은 두께 때문에 뒤 중심부가 모자랄 경우가 있다.

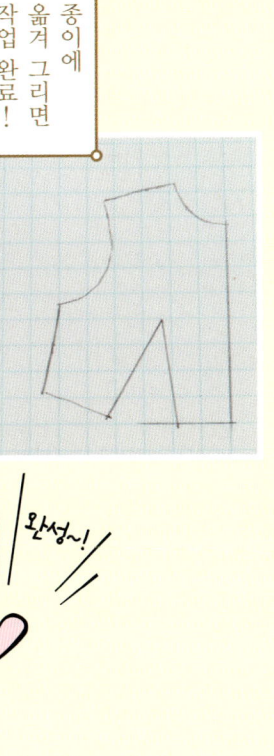

종이에 옮겨 그리면 작업 완료!

완성~!

여기에서 되도록 깔끔하게 수정해 두면 천으로 제작했을 때 수정할 곳이 확 줄어들어요!

차이 나는 선을 깔끔하게 고쳐 그린다.

보디에서 떼어냈을 때 헷갈리지 않도록 X 표시를 해두면 좋다.

원래 선과 평행하도록 고쳐 그린다.

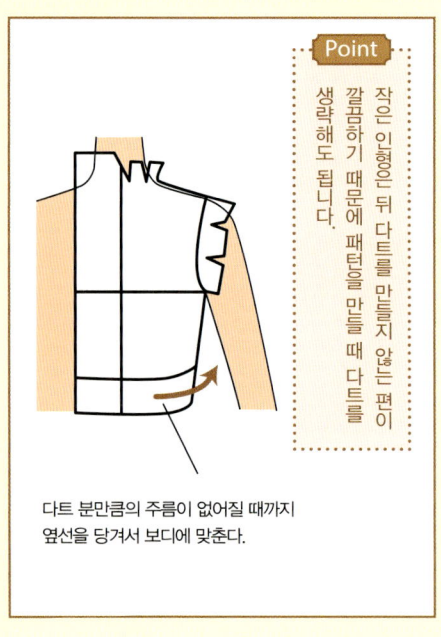
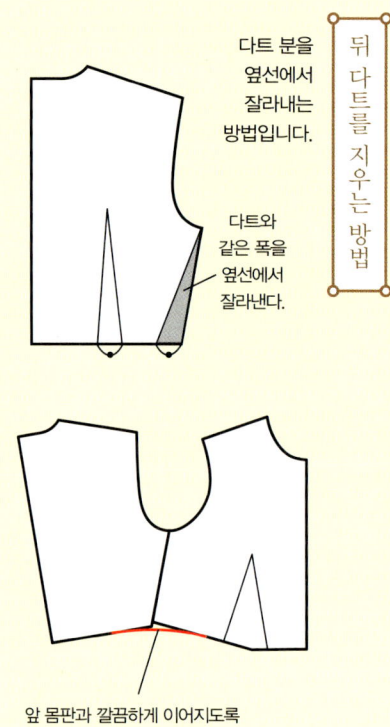
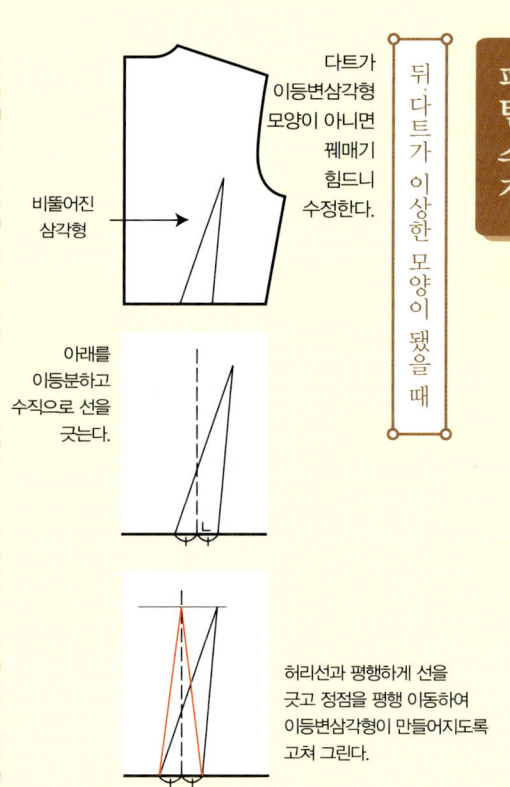

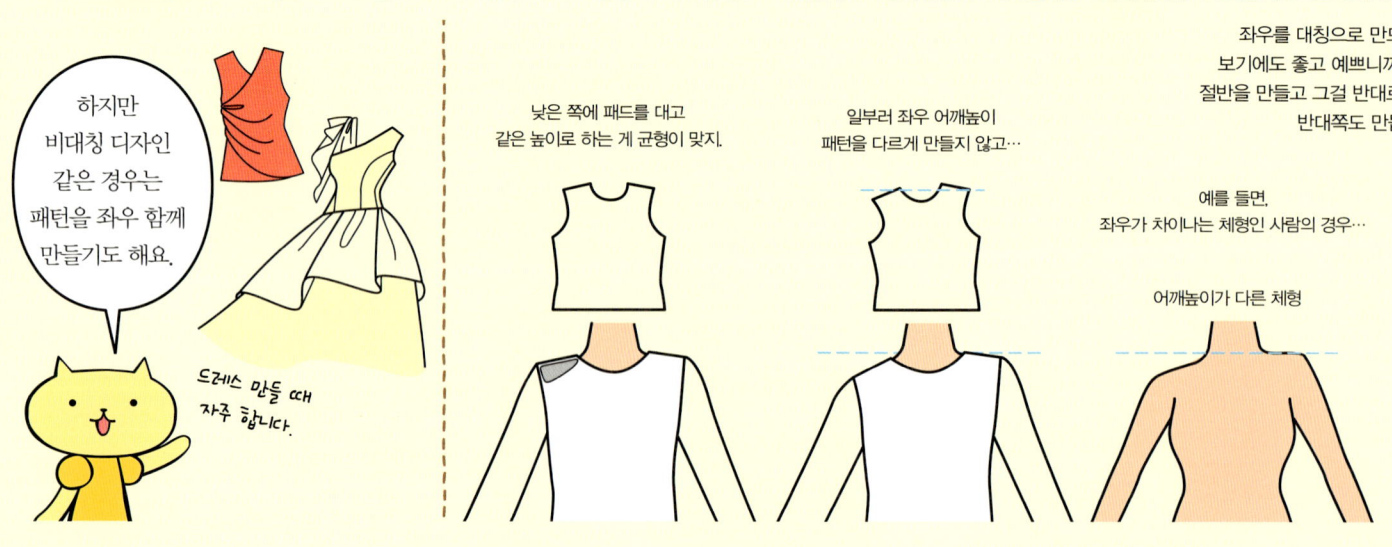

Chapter 3.

거유 보디의 패턴
— BODICE II —

가슴이 큰 인형옷의
패턴은 조금 달라요~

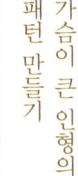

가슴이 큰 인형의 패턴 만들기

가슴 아래에 굴곡을 줄 경우

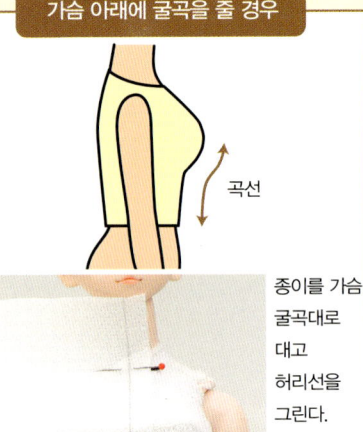

곡선

종이를 가슴 굴곡대로 대고 허리선을 그린다.

가슴 아래에 굴곡을 안 줄 경우

직선

종이가 평평한 상태에서 허리선을 그린다.

원하는 디자인이나 취향에 따라 선택하세요.

① 키친타월을 적당한 크기로 잘라 '앞 중심' '가슴선' '허리선'을 그린다.

③ 앞 중심의 목둘레와 허리도 시침핀으로 고정한다.

이번에는 두 군데에 주름이 생긴다.

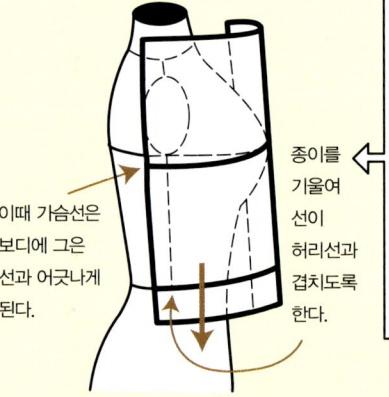

※ 두 군데 다트는 가슴선이 아니라, **허리선**을 기준으로 합니다.

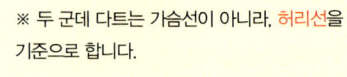

이때 가슴선은 보디에 그은 선과 어긋나게 된다.

종이를 기울여 선이 허리선과 겹치도록 한다.

만약 허리선이 평행하지 않다면 위아래를 움직여 보디의 허리선에 맞춘다.

이번에는 옆선을 기울이지 않아요!

② 가슴선에 수평으로 종이를 감는다. 이때 허리선도 가슴선과 평행하면 그대로 위아래를 시침핀으로 고정한다.

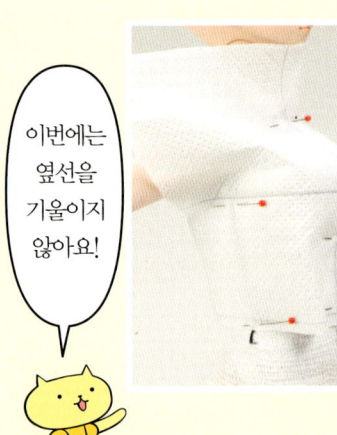

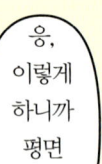
응, 이렇게 하니까 평면 패턴보다 쉬워.

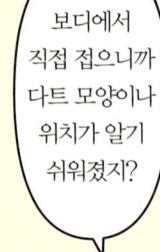
보디에서 직접 접으니까 다트 모양이나 위치가 알기 쉬워졌지?

가슴 아래 굴곡 있음

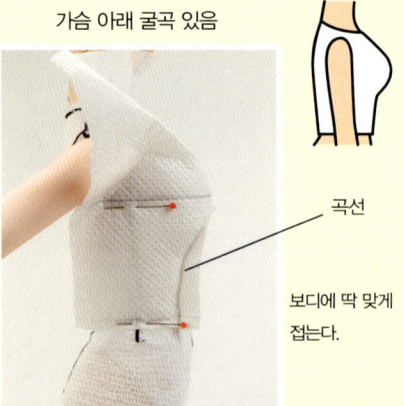

곡선

보디에 딱 맞게 접는다.

가슴 아래 굴곡 없음

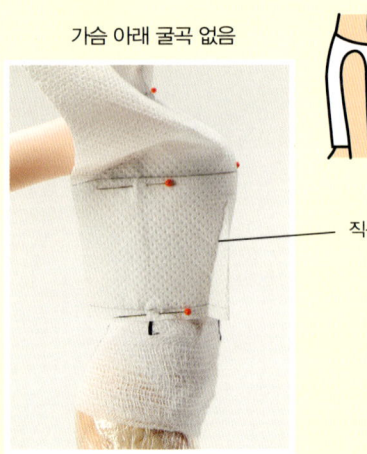

직선

④ 가슴 아래의 주름을 접어서 다트를 만든다.

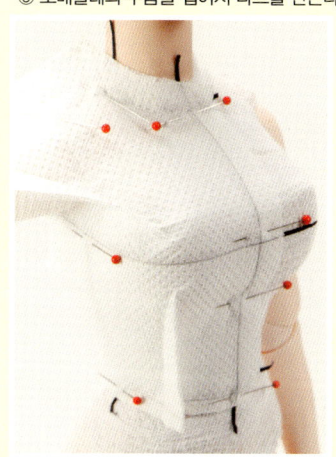
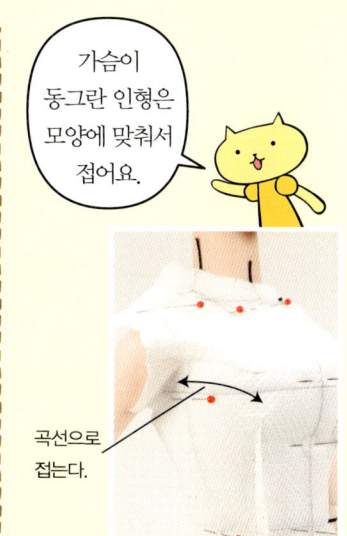

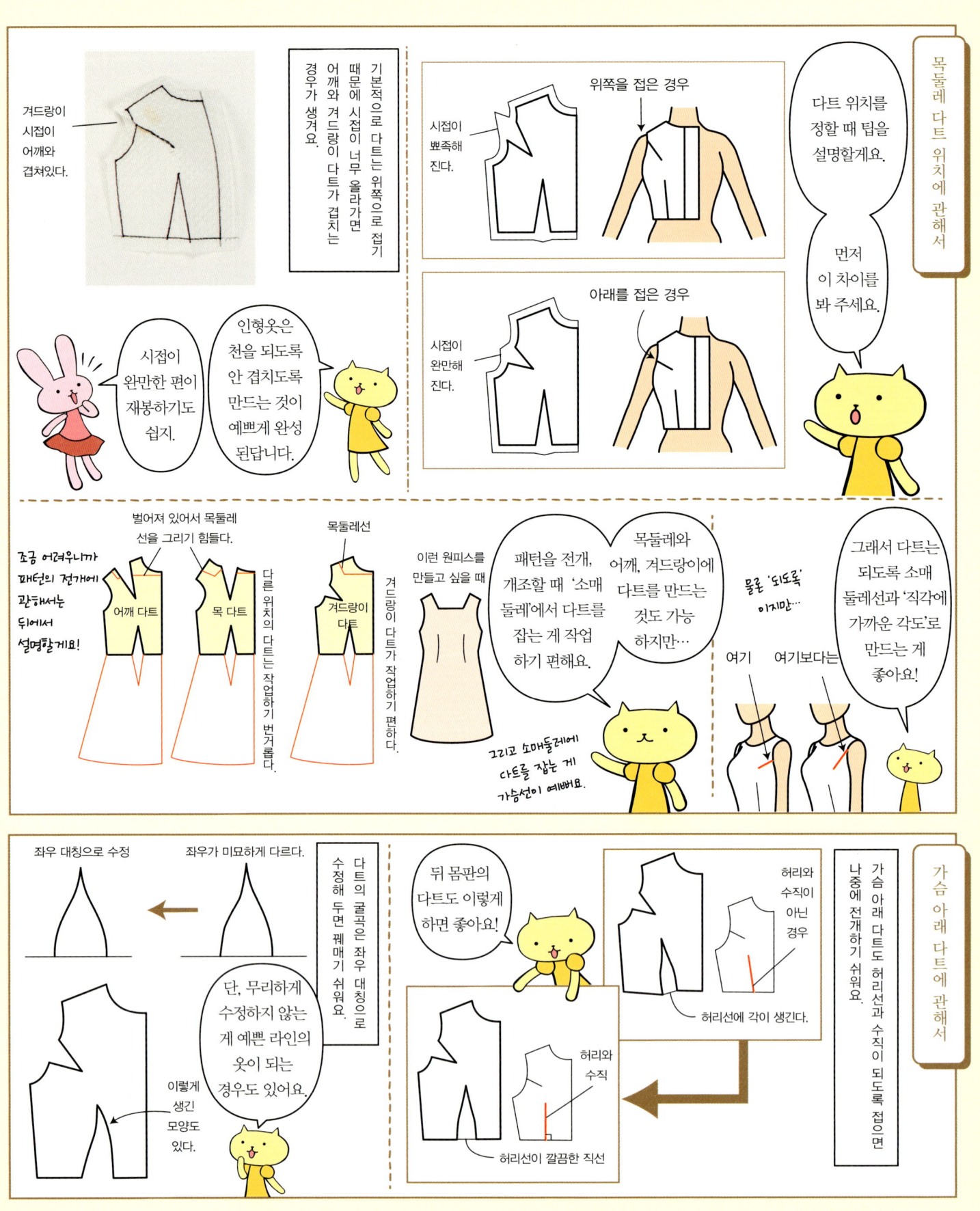

Chapter 4.

패턴의 전개
— BODICE III —

이제, 패턴을 통해
본격적으로 예쁜 인형옷을
만들어 봐요~

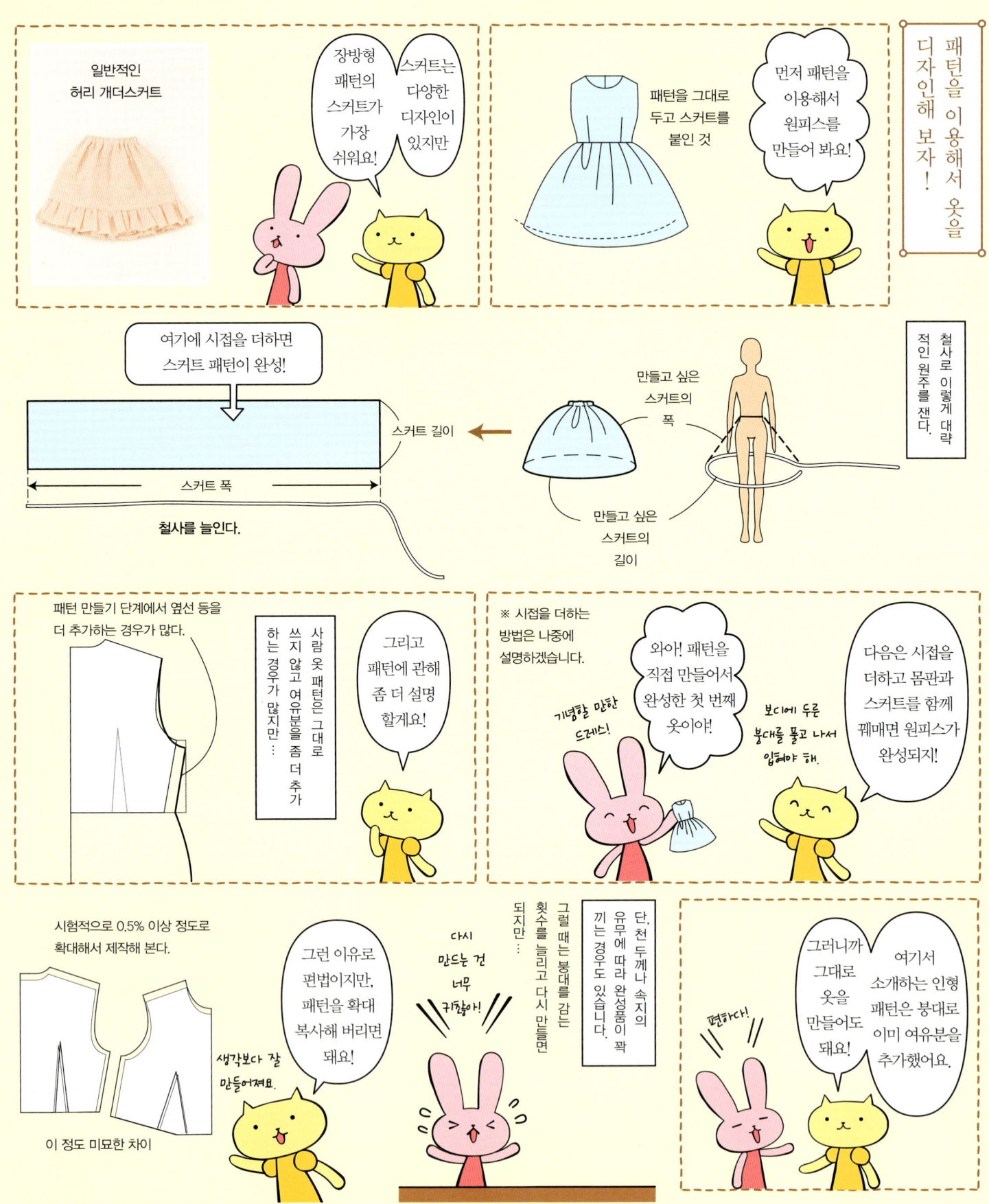

패턴에서 패널 라인, 프린세스 라인 만들기

프린세스 라인 / **패널 라인**

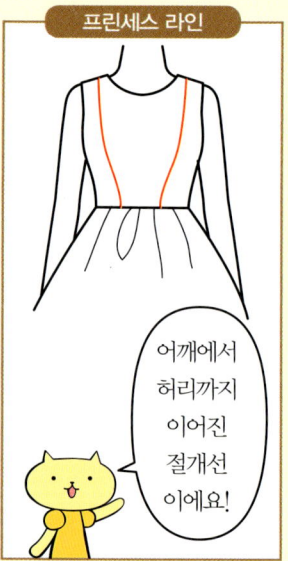

어깨에서 허리까지 이어진 절개선이에요!

소매 둘레에서 허리까지 이어진 절개선이에요!

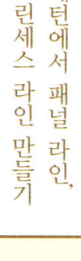
앞 몸판

① 보디에 패턴을 입히고 패널 라인 또는 프린세스 라인의 위치를 정한다.

라인 테이프로 표시하거나 연필로 그려도 좋다.

② 패턴을 보디에서 떼고 종이에 옮겨 그린다.

종이 아래에 빛을 비추거나 트레이싱 페이퍼를 쓰면 그리기 편해요.

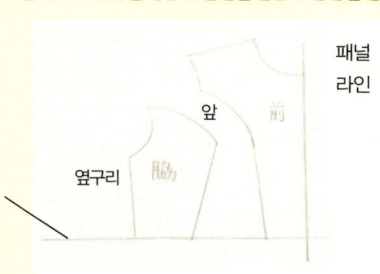
패널 라인
옆구리 / 앞

앞 몸판과 겨드랑이를 분할해서 옮겨 그린다.

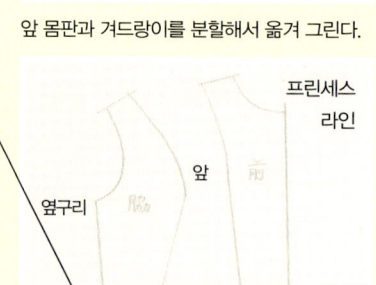
프린세스 라인
옆구리 / 앞

허리선의 위치가 일직선이 되도록 맞춰서 그리면 좋다.

③ 옆구리 패턴의 각진 부분을 곡선으로 수정한다.

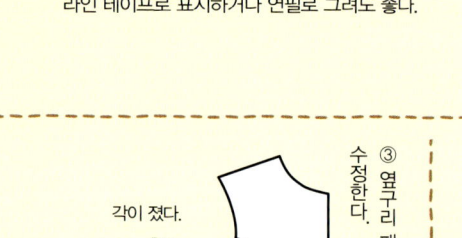

각이 졌다. → 곡선으로 수정

이 선보다 안쪽으로 수정하면 품이 좁아질 수 있으니까 주의!

④ 키친타월에 옮겨 그리고 조립해 본다.

시침핀으로 조립하기 힘들면 마스킹 테이프를 이용하세요!

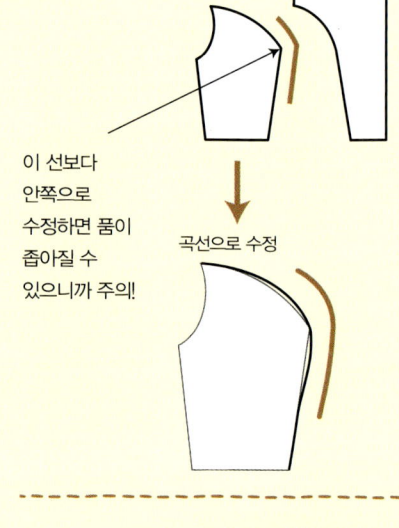

생각했던 것보다 쉬운 것 같아.

시접은 앞 몸판 쪽이 아닌 옆구리 쪽으로 접으면 겹치기 편하다.

일단 키친타월에서 부자연스러운 곳이 없는지 확인해요. 그러면 천으로 가봉할 때 수정해야 할 부분이 줄어요!

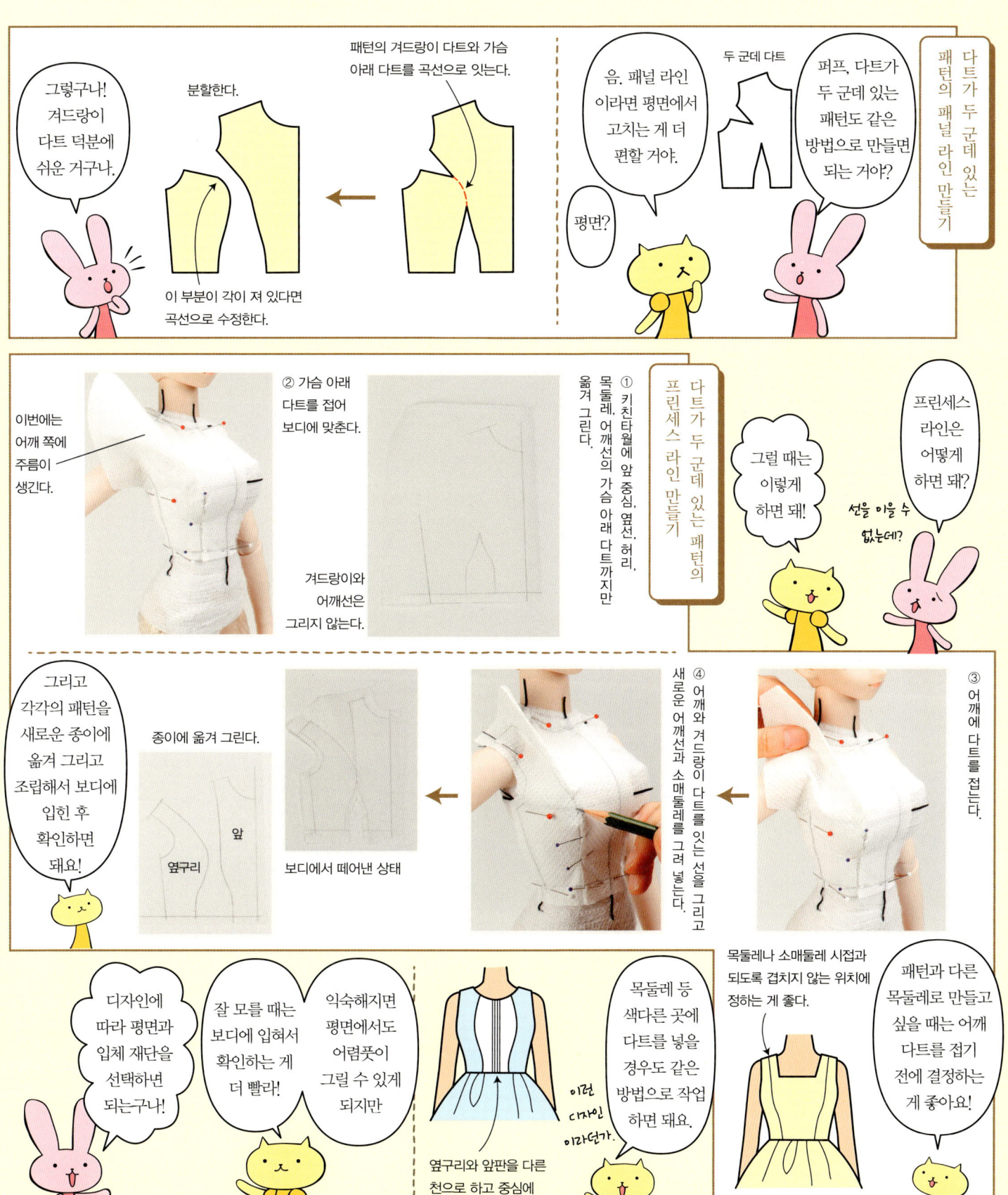

Chapter 5.

소매를 만들자!
— SLEEVE —

> 까다로운 소매
> 쉽게 따라 해요~

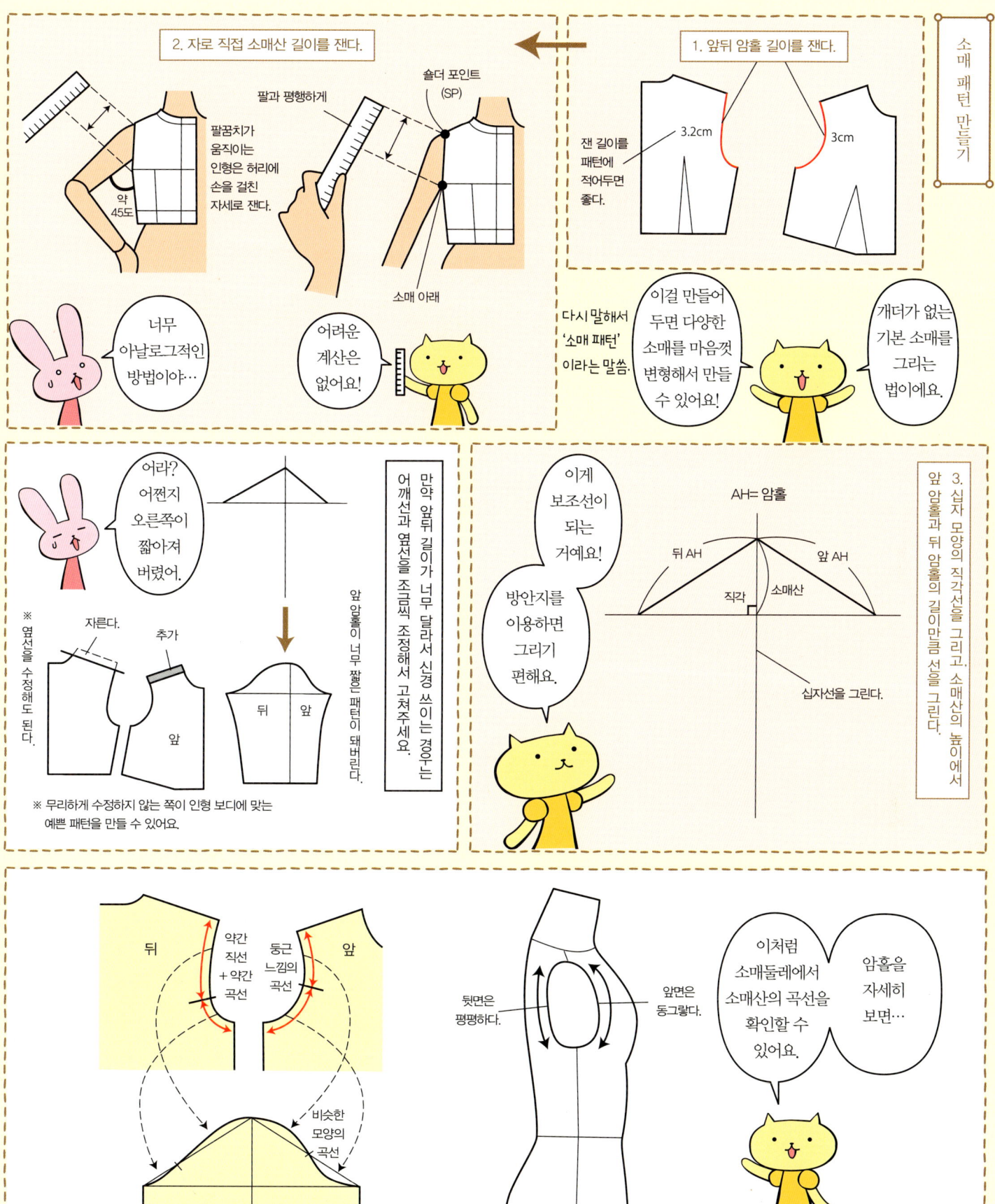

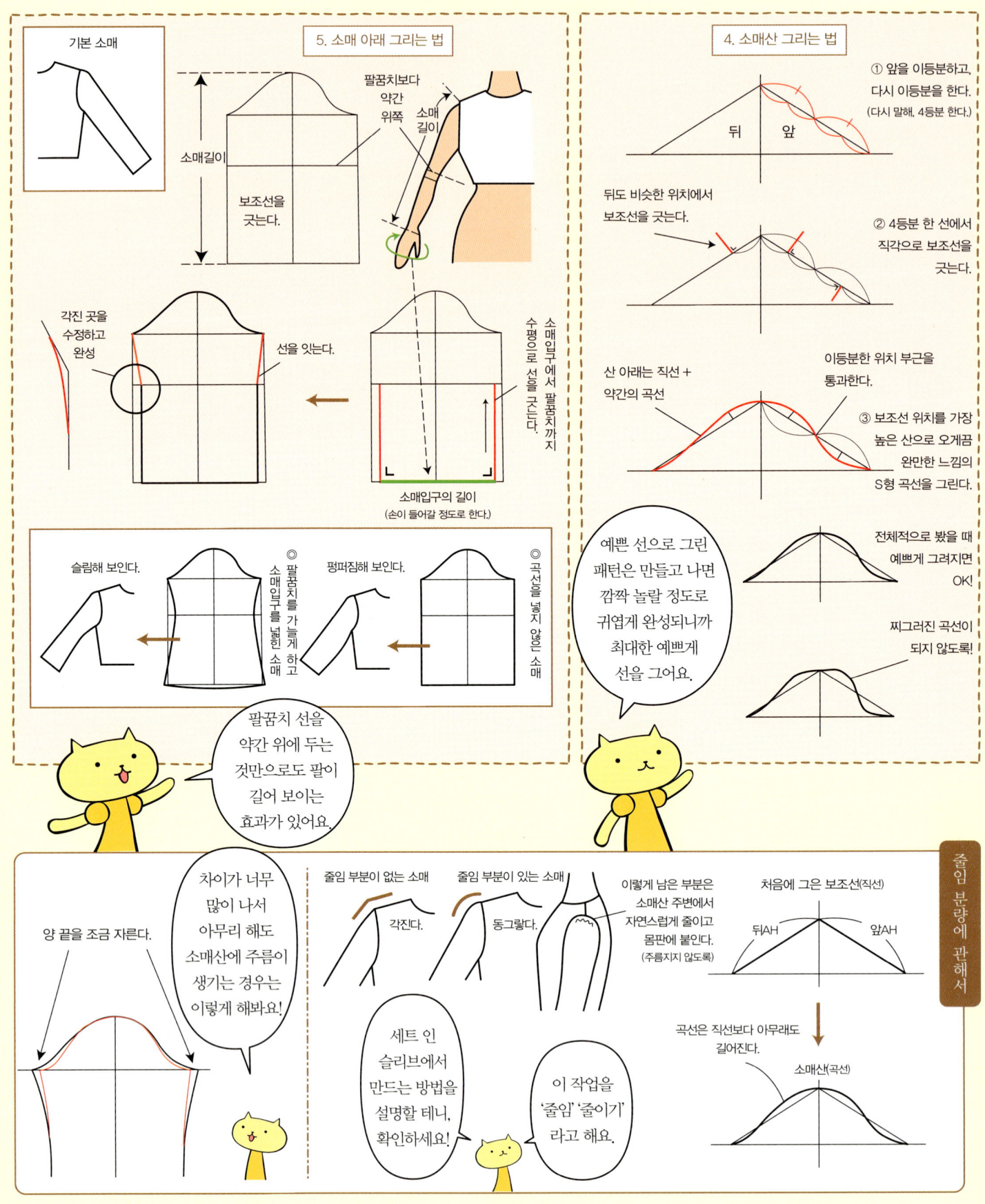

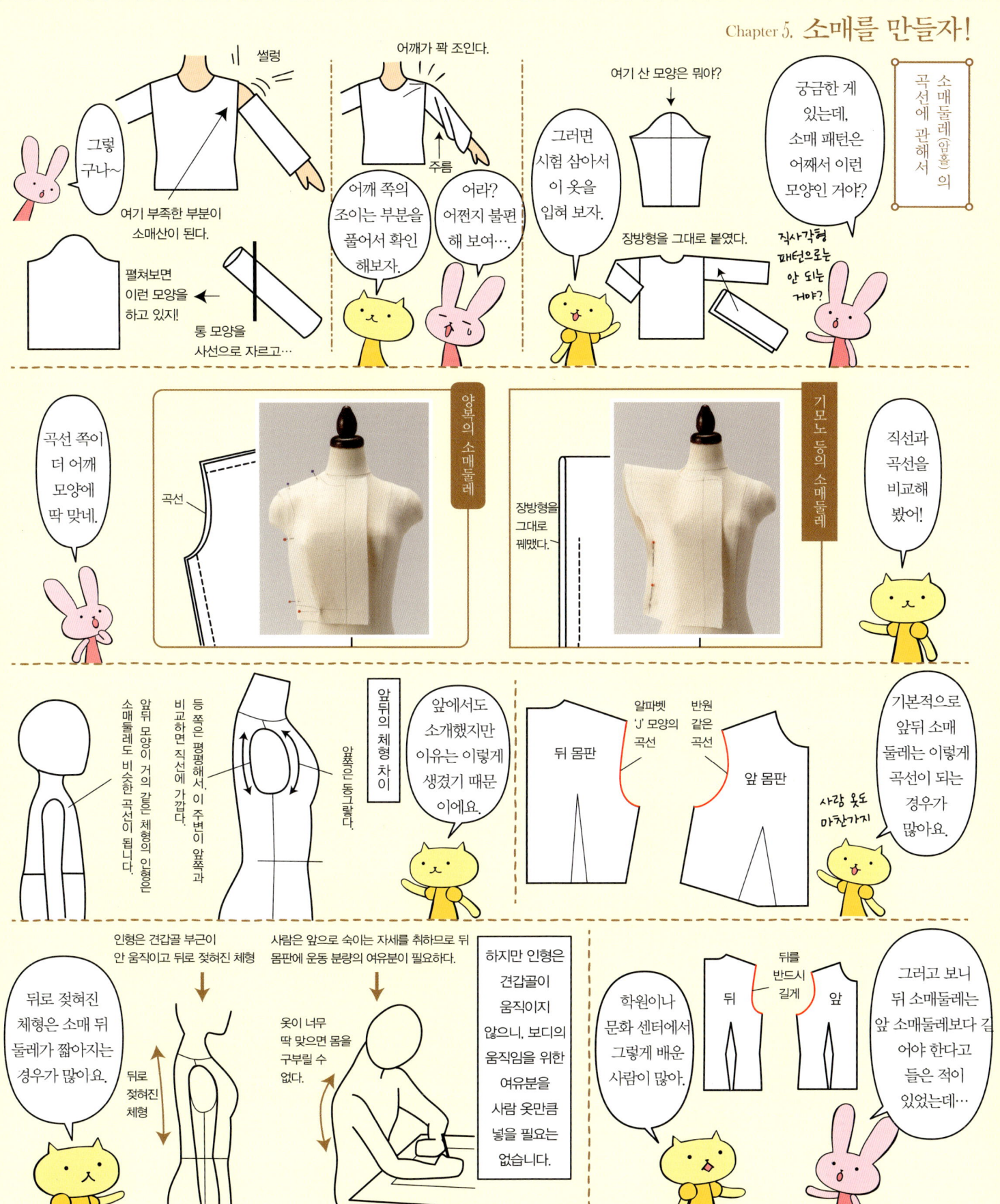

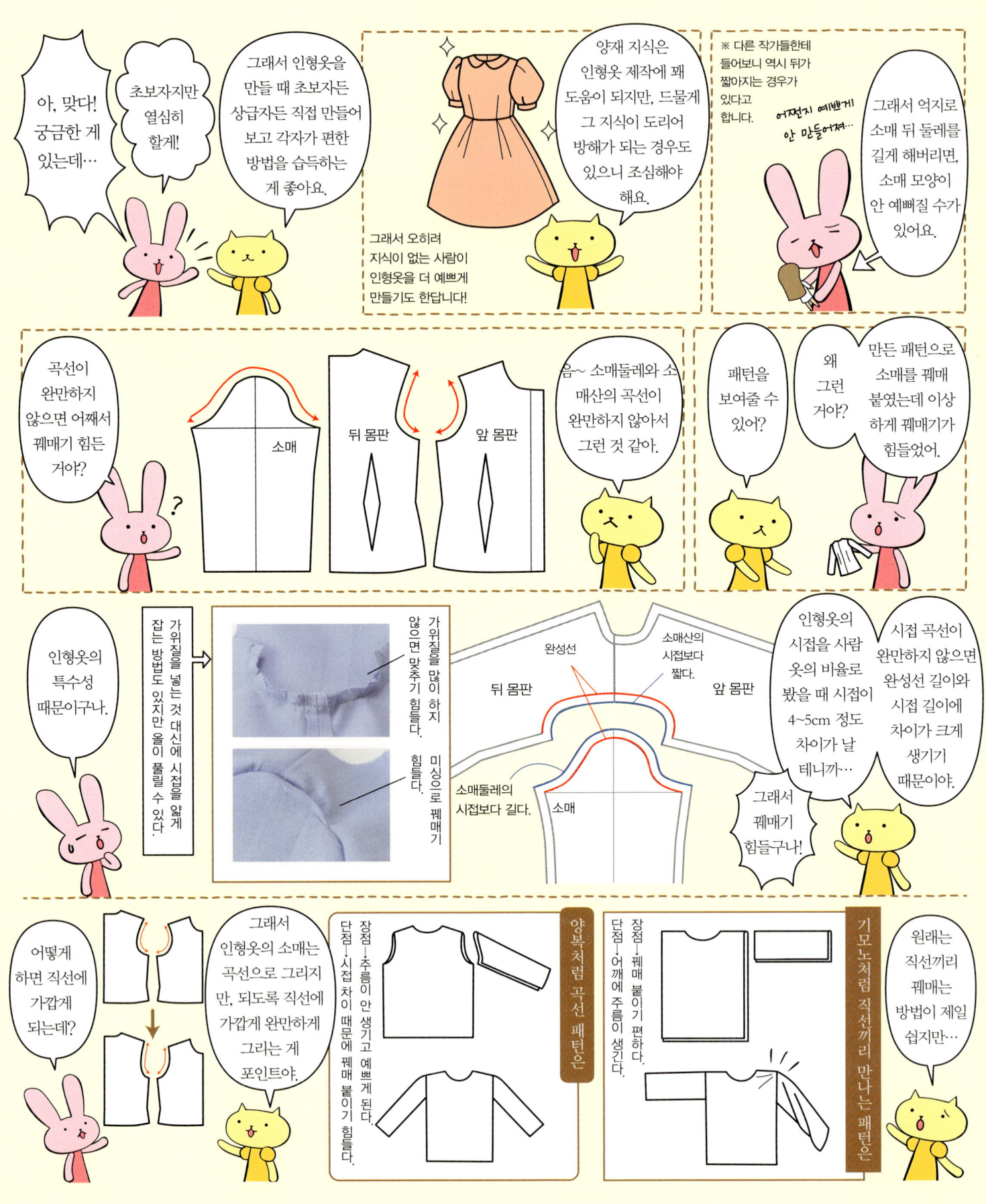

Chapter 5. 소매를 만들자!

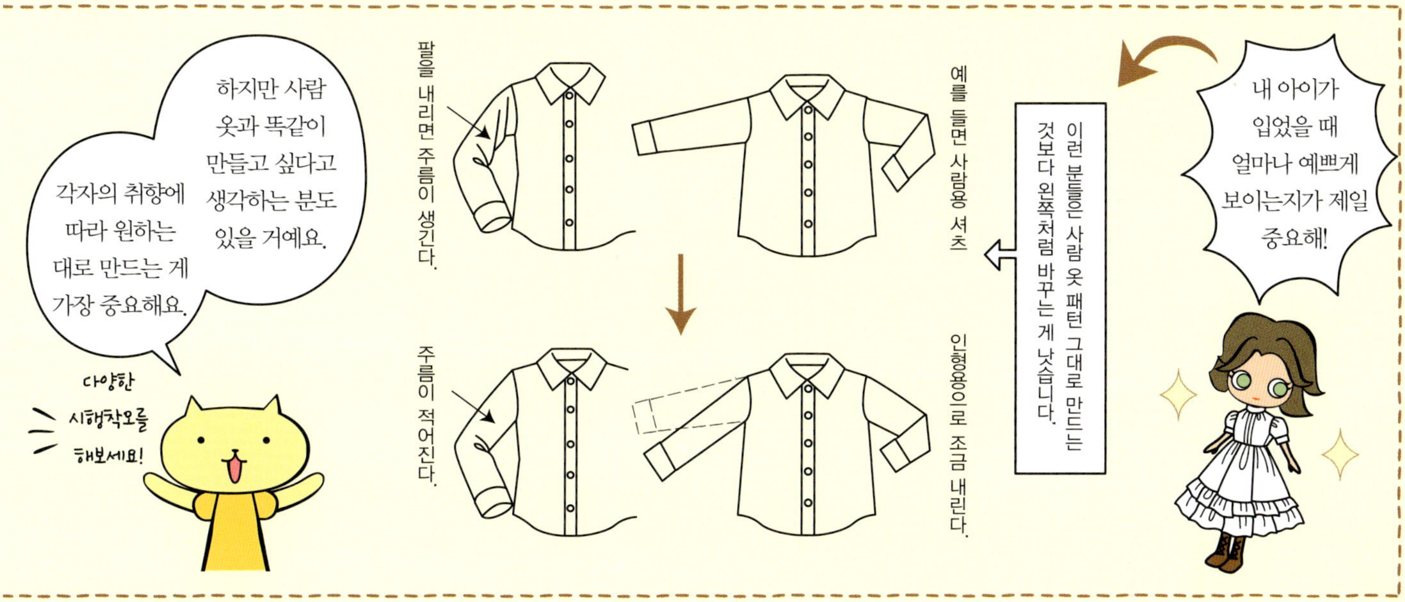

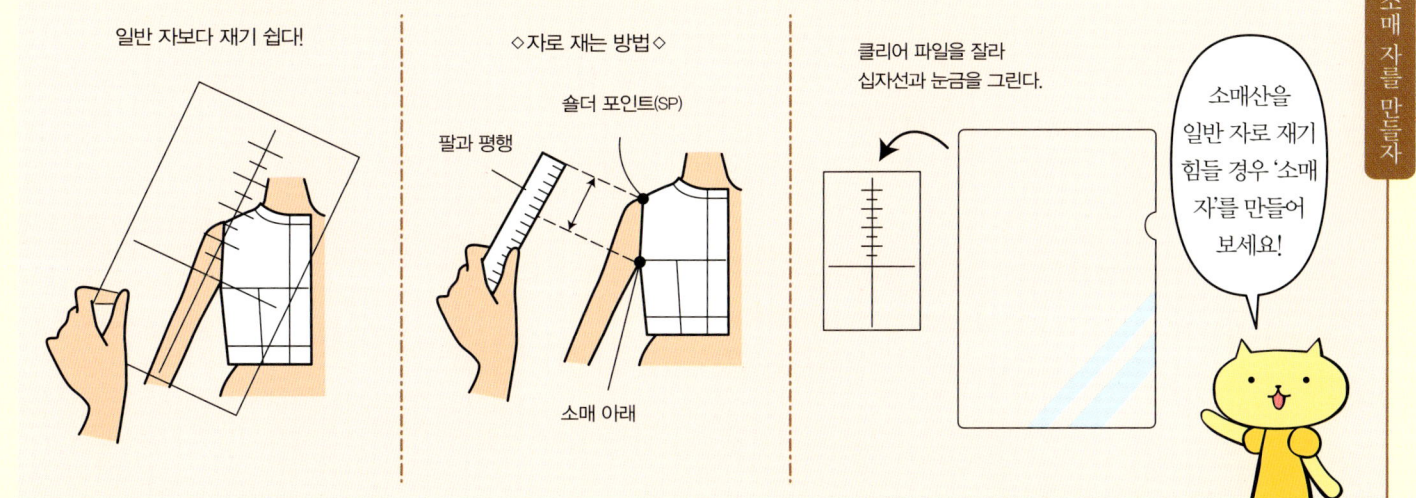

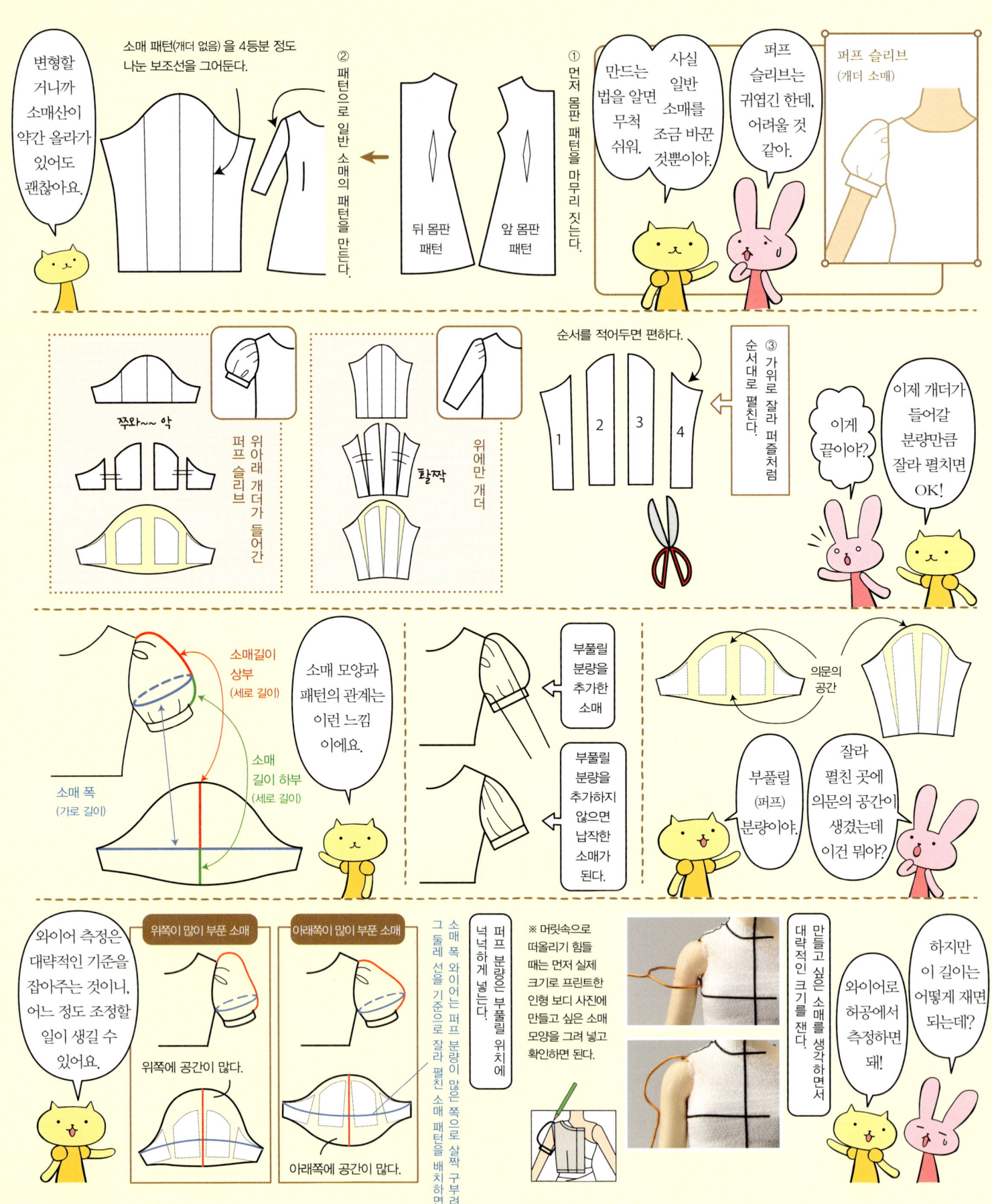

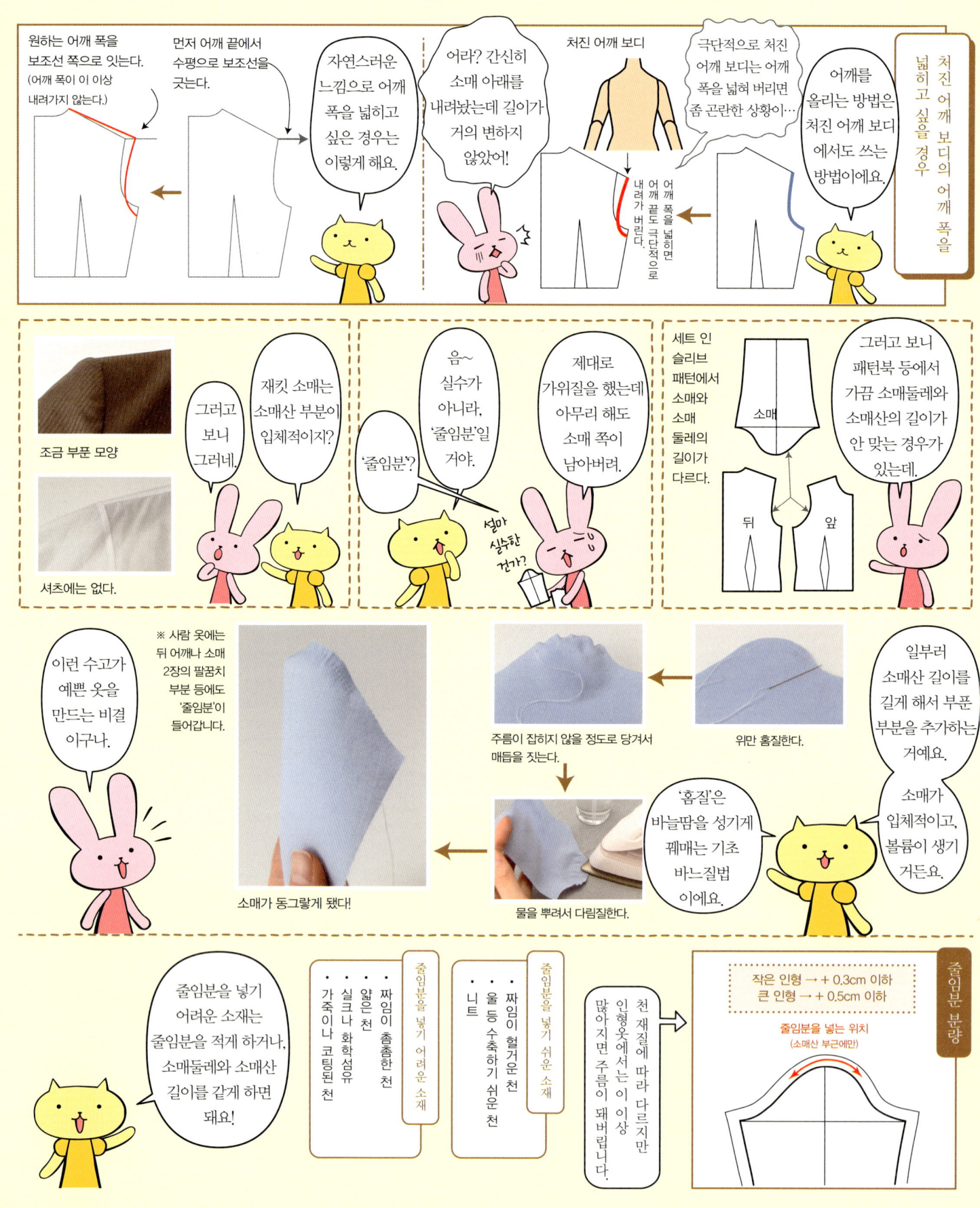

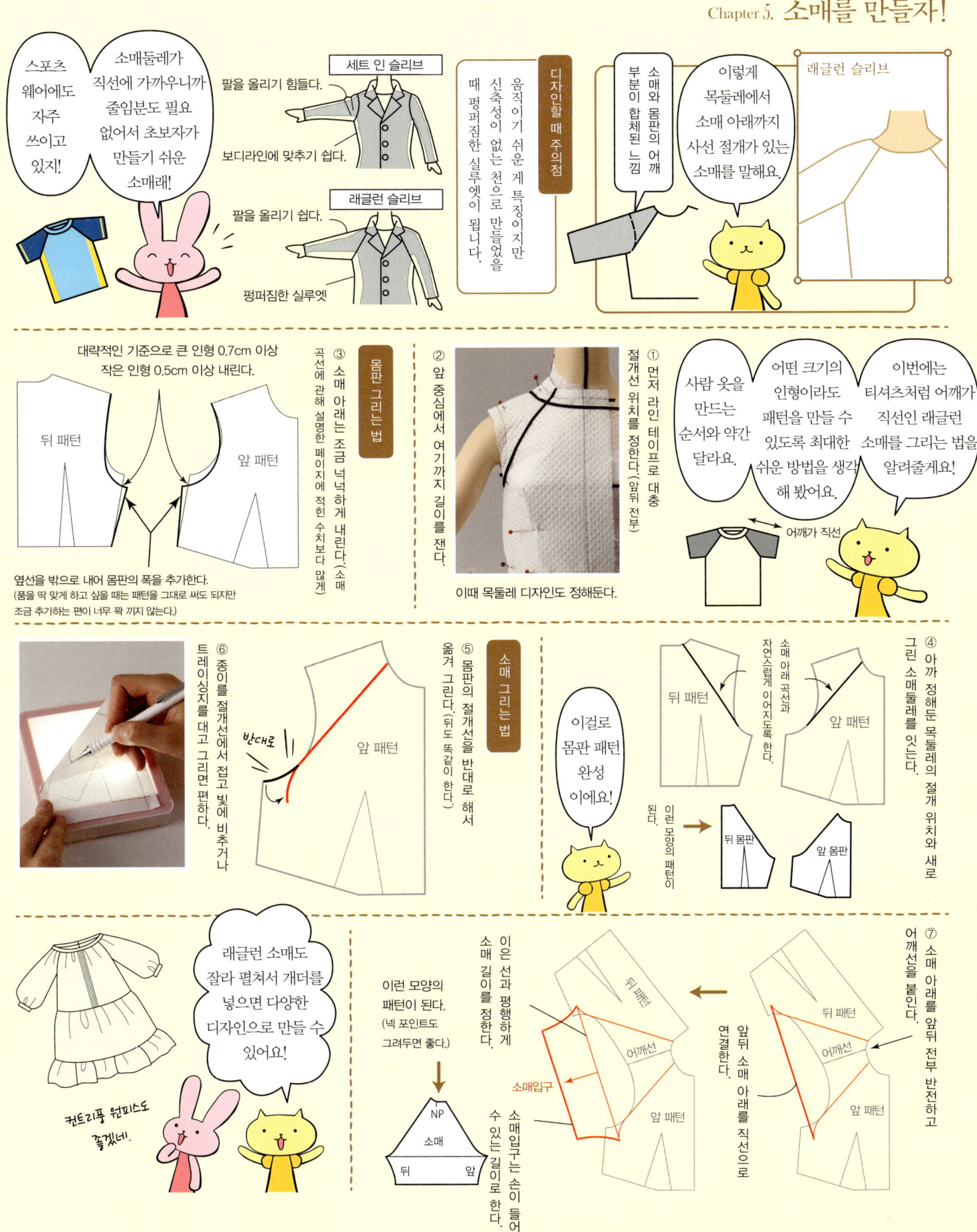

소매 종류에 따라 패턴에서 옆선이나 어깨 등을 추가하는 곳을 알기 쉽도록 견본을 만들었습니다. 구체적인 길이는 인형에 따라 달라서 적지 않았지만, 소매를 만들 때 참고해 주세요.

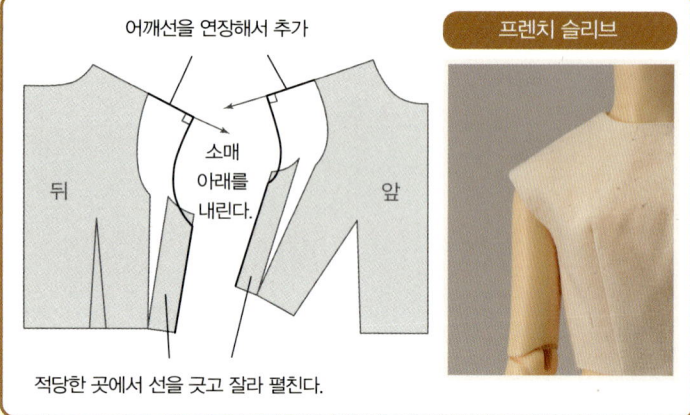

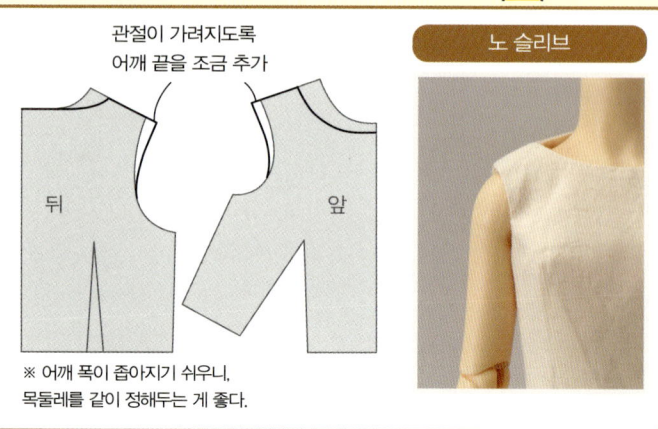

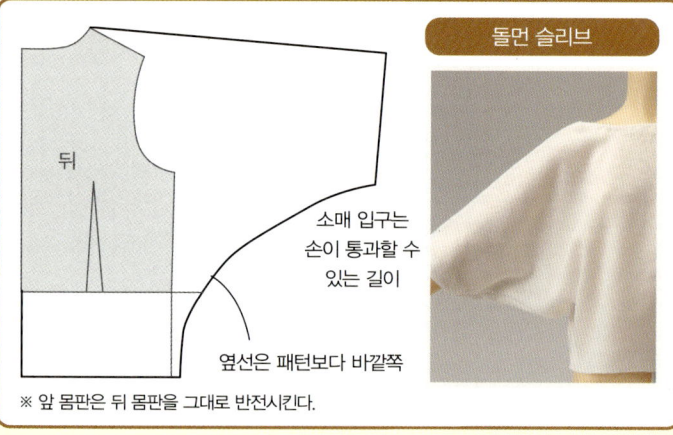

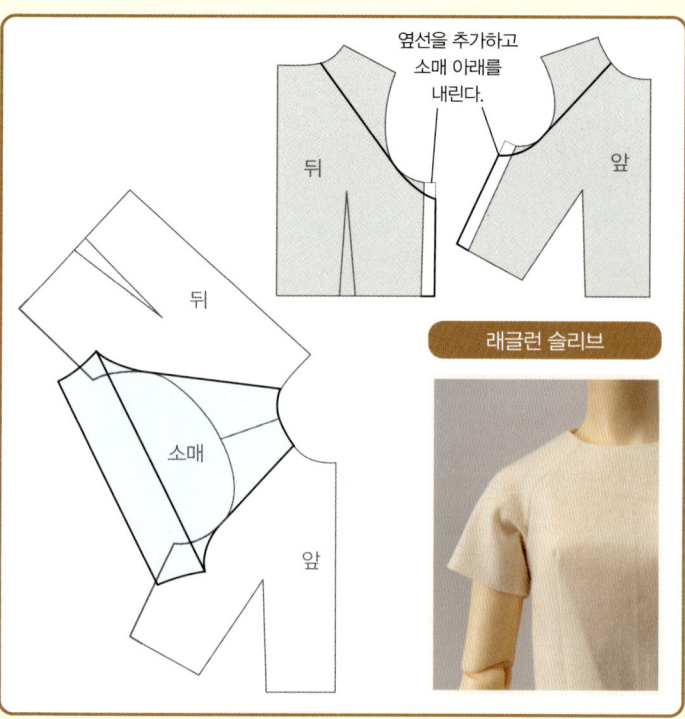

Chapter 6.

칼라를 만들자!
— COLLAR —

집중! 칼라 패턴을
자세히 알려드려요~

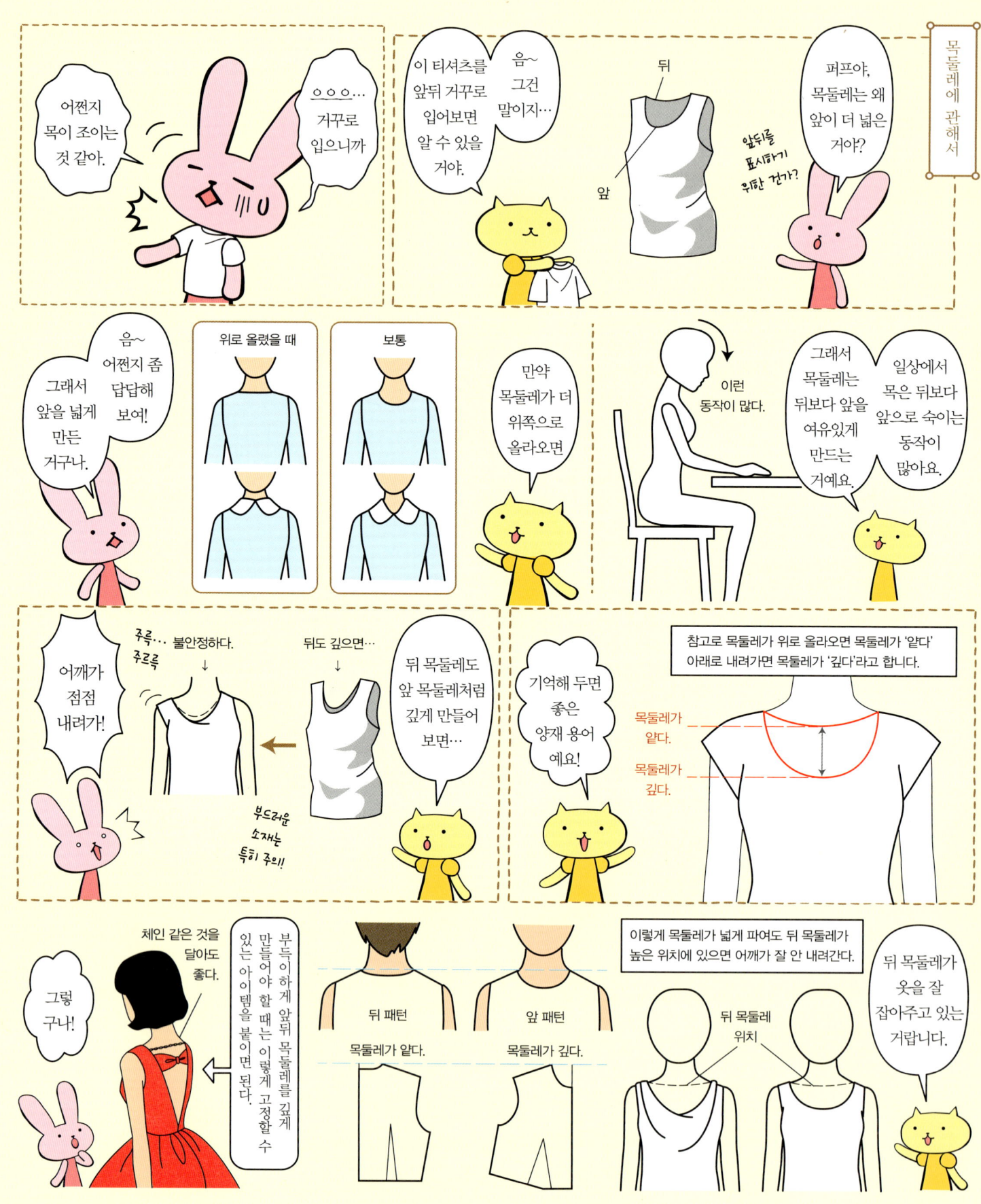

어깨 폭에 관해서

목둘레 폭

넓어졌어!

어깨 끝을 연장해서 추가한다.

목둘레 폭이 넓은 디자인은 어깨 폭도 넓게 만들어요!

그럴 때는 어떻게 하면 좋지?

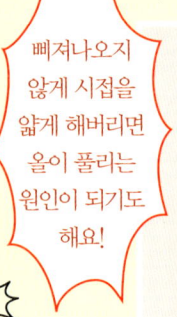

삐져나오지 않게 시접을 얇게 해버리면 올이 풀리는 원인이 되기도 해요.

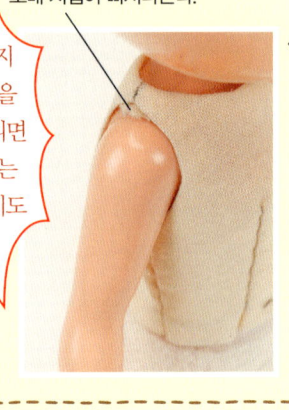

소매 시접이 삐져나온다.

목둘레 폭을 넓히면 어깨 폭이 좁아지고 시접이 겹치거나 삐져나오는 경우가…

이것을

이렇게 하면

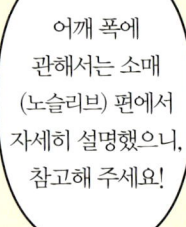

어깨 폭에 관해서는 소매(노슬리브) 편에서 자세히 설명했으니, 참고해 주세요!

어깨 폭이 좁으면 이렇게 뒤집을 수 없다.

또 어깨 폭이 너무 좁으면 노 슬리브를 만들 때 힘들어요.

목둘레와 소매둘레를 꿰매고 뒤집을 때 어깨 폭이 너무 좁으면 뒤집을 수 없다.

이 두 디자인은 서로 잘 어울리는 디자인이기도 해요.

보트넥 등 어깨 폭이 좁아지기 쉬운 디자인은 프렌치 슬리브를 더하는 등의 다양한 방법을 시도해 본다.

노칼라와 안감의 유무

안감과 여밈분을 붙인 상태

이렇게 시접을 안으로 접었을 뿐

천 두께로 조금 떠서 목둘레 위치가 올라간다.

같은 패턴으로 만들어도 미묘하게 달라!

안

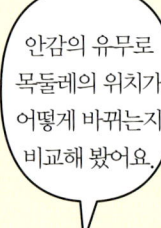

처음에 정한 위치

안감의 유무로 목둘레의 위치가 어떻게 바뀌는지 비교해 봤어요.

열심히 할게!

귀찮아도 이렇게 만들어 보는 것만으로 예쁜 칼라를 만들 수 있어!

칼라만 만들어 본다.

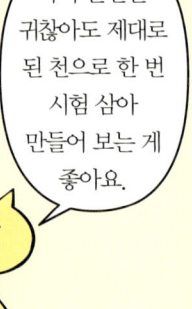

몇 벌 만들어 보면 어느 정도 예상할 수 있게 돼요!

목 부분만은 귀찮아도 제대로 된 천으로 한 번 시험 삼아 만들어 보는 게 좋아요.

어렵네…

인형옷은 천 두께가 디자인에 크게 영향을 주니까.

사람 옷이라면 거의 신경 안 써도 되지만…

작은 인형은 특히 더!

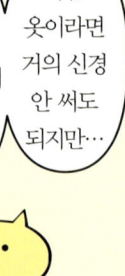

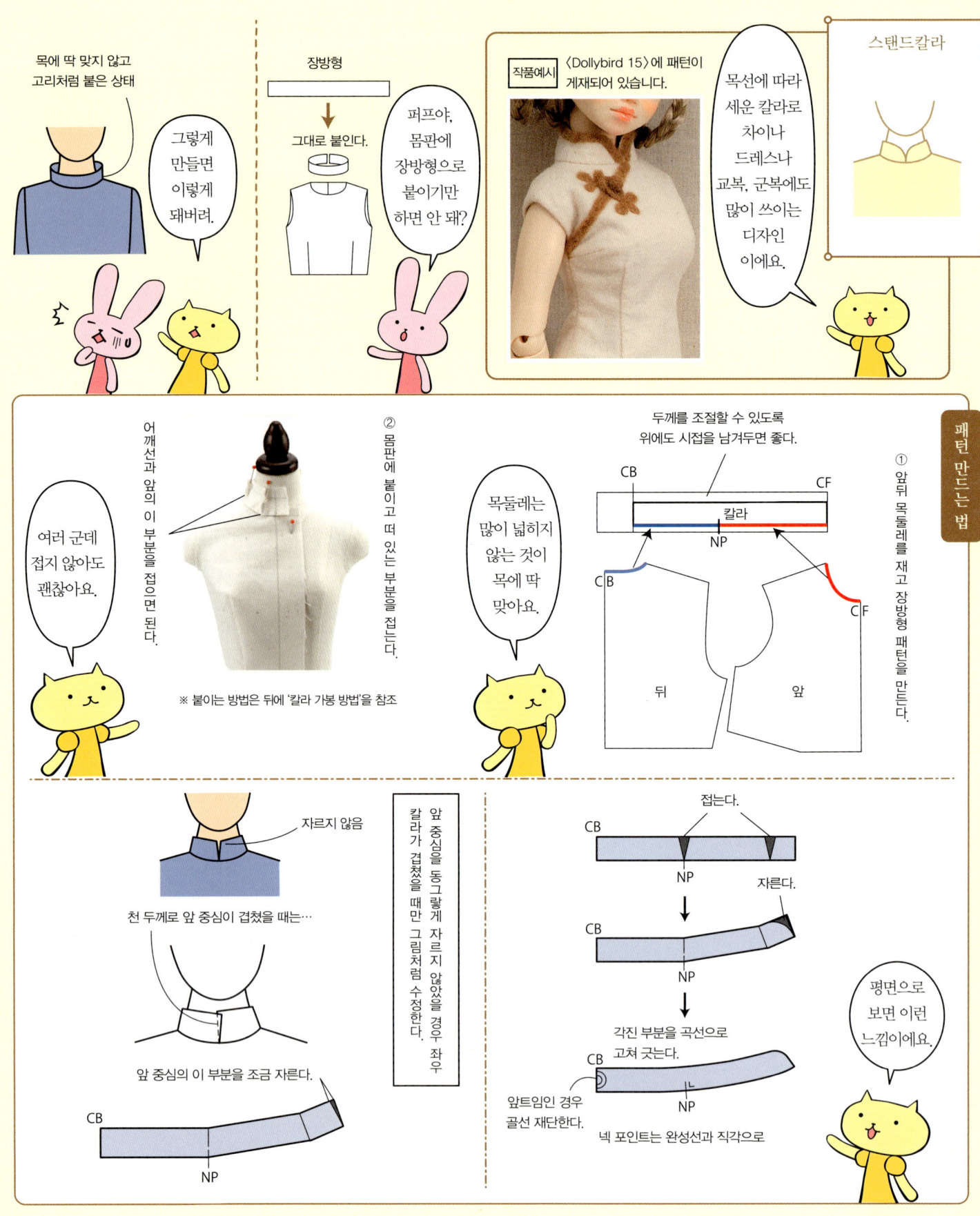

Chapter 6. 칼라를 만들자!

롤칼라의 다양한 디자인

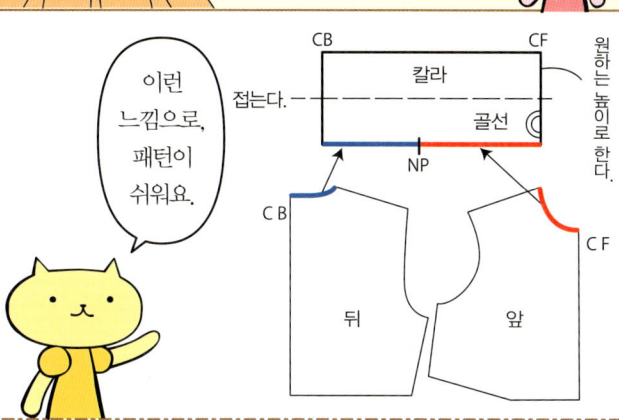

이런 느낌으로, 패턴이 쉬워요.

※ 둘 다 니트 천으로 만들었습니다.

 길다

 짧다

반으로 접은 장방형 칼라를 붙이기만 했다.

쉬운 패턴인데도 트임 위치나 높이에 따라 다양한 디자인을 만들 수 있구나!

뒤가 아닌 어깨 부분에 트임을 만든 것

뒤 단추를 풀면 이런 느낌

폭이 넓은 칼라를 만들어서 접은 상태

몸판에서 이어진 칼라

어깨 끝을 맞춘다.

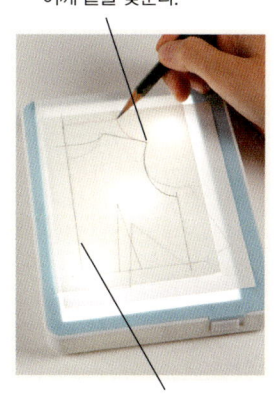

중심선은 평행

③ 천에 옮겨 그리고 보디에 입혀서 원하는 칼라 높이와 어깨선을 기준으로 선을 정한다.

② 앞뒤 중심선이 양쪽 다 평행이 되도록 두고 어깨 끝을 맞추고 앞 몸판에 가이드 선을 옮겨 그린다.

① 패턴을 기본으로 아래 그림처럼 대략 하이넥 선을 그린다. (이게 가이드 선이 된다.)

단, 이런 칼라는 쇄골 부근에 주름이 생기기 쉬우니까 니트 소재로 만드는 게 가장 좋아요.

앞 패턴

몸판에서 이어진 칼라도 있습니다.

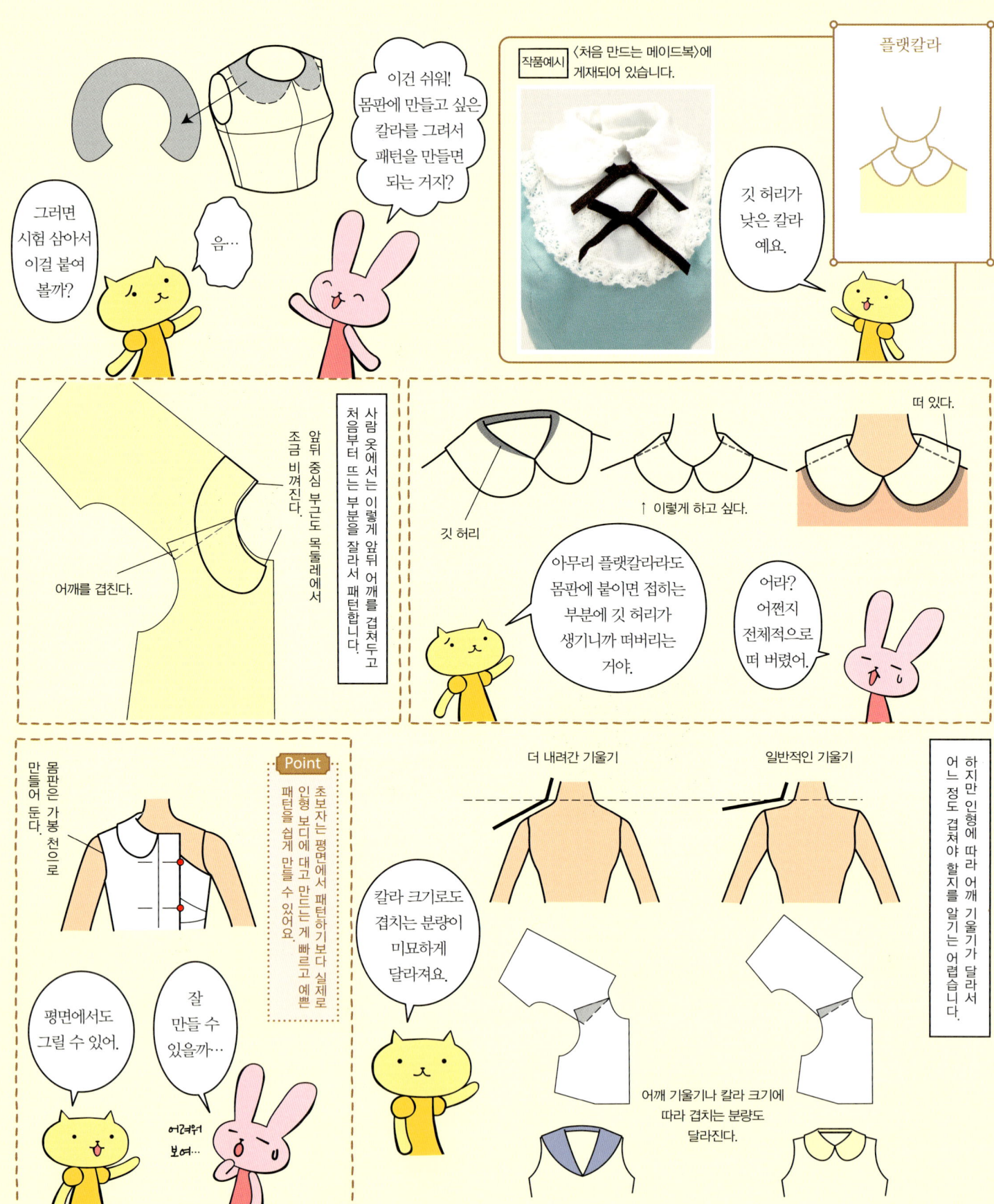

Chapter 6. 칼라를 만들자!

패턴 만드는 법

① 몸판 패턴을 먼저 만들어 두고 가봉용 천에 옮겨 보디에 입히고 만들고 싶은 칼라 라인 테이프로 붙여 그린다.
칼라 끝을 미리 정해둔다.

② 사진처럼 몸판을 펼치고 트레이싱 페이퍼 등에 옮겨 칼라를 종이나 그린다.

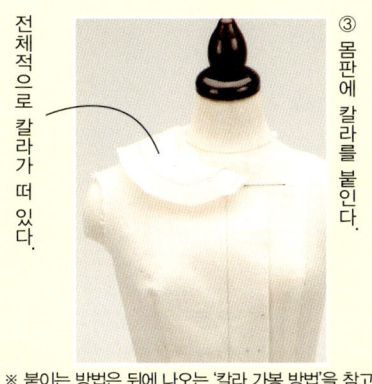
③ 몸판에 칼라를 붙인다.
전체적으로 칼라가 떠 있다.
※ 붙이는 방법은 뒤에 나오는 '칼라 가봉 방법'을 참고

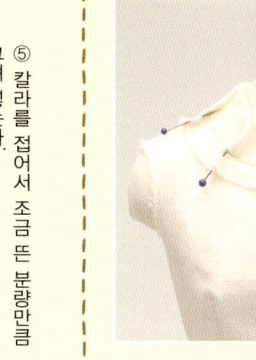
④ 떠 있는 부분을 접는다.
먼저 어깨선 부분과 그 주변을 접어둔다.

만약 앞 중심 부근이 한군데 더 접는다면 계속 뜨는 부분

⑤ 칼라를 접어서 조금 뜬 분량만큼 그려 넣는다.
이 부분이 조금 높아진다.

이렇게 조금 높아진 부분을 '깃 허리'라고 해요!
플랫칼라는 깃 허리가 낮아요.

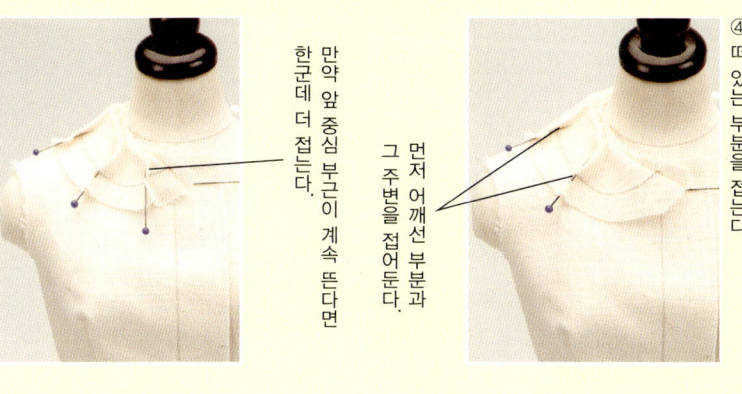
⑥ 칼라를 몸판에서 떼어내고 옮겨 그리면 완성
깔끔하게 곡선으로 그린다.
넥 포인트도 잊지 말고 그린다.

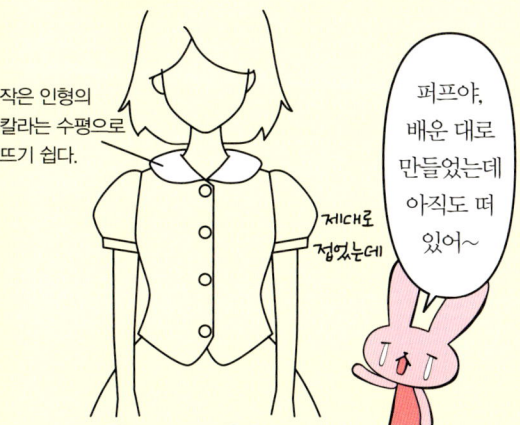
작은 인형의 칼라는 수평으로 뜨기 쉽다.
제대로 접었는데
퍼프야, 배운 대로 만들었는데 아직도 떠 있어~

◎ 작은 인형
1mm 정도 크게
◎ 큰 인형
1~2mm 정도 크게

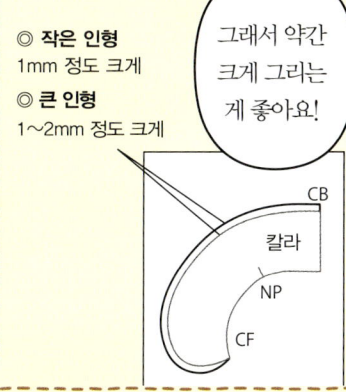
그래서 약간 크게 그리는 게 좋아요!
겉과 안쪽 칼라를 꿰매 붙이고 뒤집으면 천 두께 때문에 조금 작아지는 경우가 생길 수 있어요.

CB
칼라
NP
CF

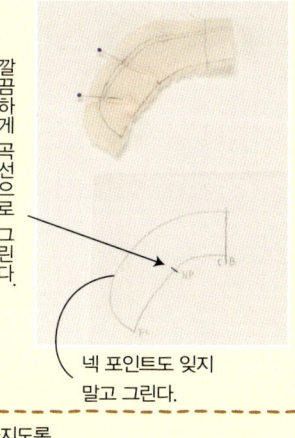
깃 허리가 조금 높아지도록 접는 양을 늘린다.

그럴 때는 좀 더 많이 접어서 깃 허리를 높여 보세요.
확실히 접히기 때문에 뜨지 않게 된다.
작은 인형 칼라는 아무래도 뜨기 쉬워요.

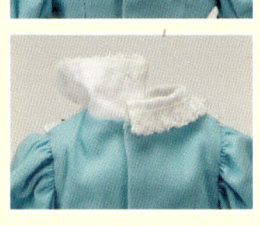
『처음 만드는 메이드복』 게재 패턴
왼쪽 칼라를 오른쪽 칼라에 겹쳤다.

이렇게 겹치는 방법도 있습니다.

앞트임인 경우
뒤는 그대로 붙여도 괜찮다.

뒤트임인 경우
뒤도 이런 모양으로 만들지 않으면 벗을 수 없다.

그리고 칼라를 만들 때는 어느 쪽에 트임이 있는지 확인하도록 해요!

세일러칼라

칼라 끝이 브이자로 되어 있고 어깨에서 뒤로 갈수록 넓어지는 깃으로, 원래 해군이나 해병 옷이었지만 교복으로도 많이 쓰이고 있어요.

작품예시 〈Dollybird 15〉에 패턴이 게재되어 있습니다.

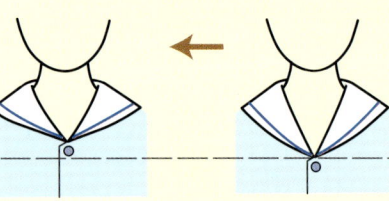

만드는 방법은 플랫칼라와 거의 같지만 이 점을 주의해야 해요!

이 정도로 예상했지만 천 두께 때문에 앞 중심 부분이 조금 위로 떠서, 촬영할 때 브이의 위치가 좀 더 높게 보인다.

촬영했을 때 생각보다 위로 올라가 있다.

생각했던 칼라 모양대로 촬영하고 싶을 때는 브이 위치를 조금 더 내리거나

만드는 중간에 한 번 촬영해 보고 위치를 확인하세요.

패턴 만드는 법

① 몸판 패턴을 먼저 만들어 두고 가봉용 보디에 입히고 만들고 싶은 칼라를 라인 테이프로 그린다.

목둘레 위치는 미리 정해둔다.

앞

크게 벗어났을 때는 어깨 부분에 자투리를 덧꿰매 붙이면 된다.

뒤 칼라 모양과 길이도 확인한다.

뒤

② 사진처럼 몸판을 펼치고 칼라를 종이나 트레이싱지 등에 옮겨 그린다.

넥 포인트도 잊지 말고 그릴 것.

③ 그려둔 칼라를 천에 옮겨 그린다.

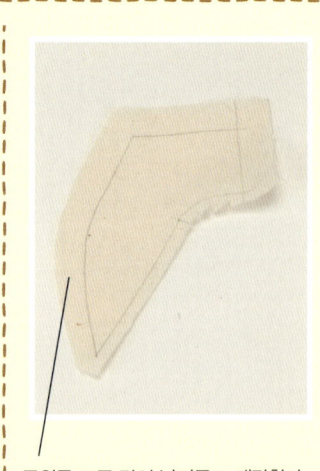

주위를 조금 많이 남겨두고 재단한다.

④ 칼라를 몸판에 꿰매 붙인다.

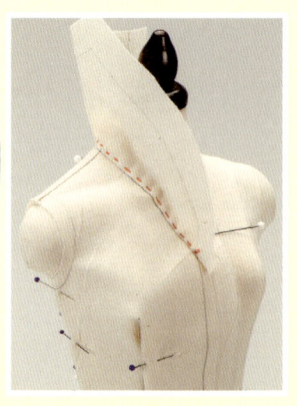

붙이는 방법은 뒤에 나올 '칼라 가봉 방법'에 자세히 나와 있어요!

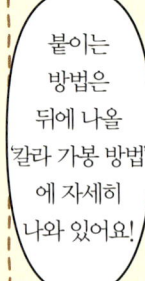

⑤ 플랫칼라와 달리 어깨선 부근만 많이 접어서 뜨는 부분을 없앤다.

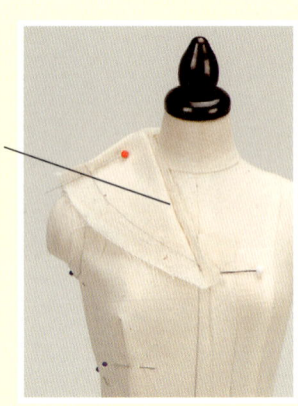

이 부분 선은 바이어스라서 신축성이 있으므로 되도록 그대로 둔다.

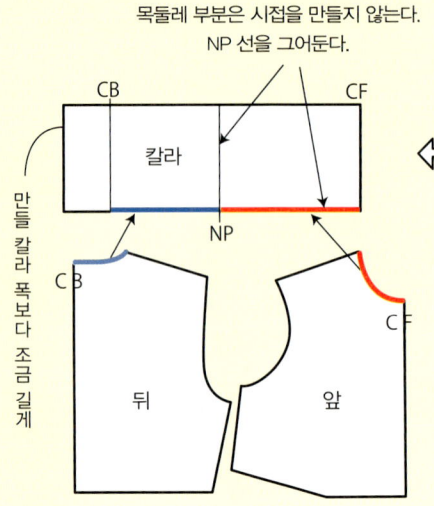

목둘레 부분은 시접을 만들지 않는다.
NP 선을 그어둔다.

② 테이프(투명)로 목둘레를 잘 붙인다.

만들 칼라 폭보다 조금 길게

① 키친타월로 장방형의 앞뒤 목둘레를 재고 키친타월로 장방형의 패턴을 만든다.

반대로 잘라서 펼치는 방법도 있어요!

플랫칼라와 세일러칼라는 여분의 부분을 접는 작업 방법으로 소개했지만

어떻게?

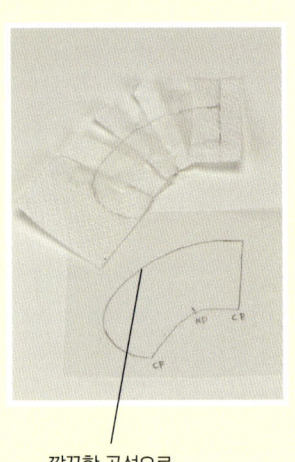

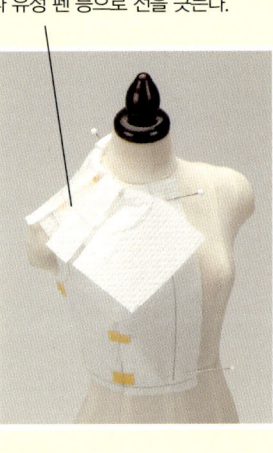

깔끔한 곡선으로 수정한다.

⑤ 붙인 칼라를 조심스럽게 펼쳐서 종이에 옮겨 그린다.

④ 뒤는 어깨선 부근의 한두 군데만 잘라 펼친다. (너무 많은 곳을 자르지 않는다.)

여러 군데 자르면 펼치기 힘드니까 되도록 자르는 곳은 적게!

연필이나 유성 펜 등으로 선을 긋는다.

③ NP 부분과 앞 목둘레 원하는 칼라 모양이 나오게 몇 군데 잘라 펼쳐서 테이프로 붙인다.

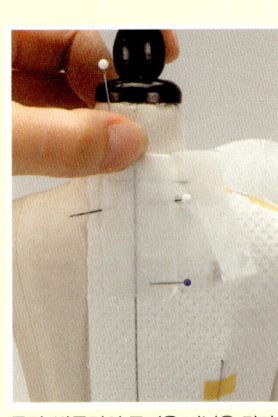

투명, 반투명의 두꺼운 비닐은 칼라 허리의 높이를 확인하기 쉽다.

공작하듯이 패턴을 만들 수 있어!

가봉할 수 있는 두꺼운 키친타월과 두께감이 있는 비닐 쌀 포대는 의외로 활용도가 높아요!

익숙해지면 두꺼운 키친타월이나 비닐 등을 활용해서 만들어 보세요!

그런 이유로 조금 귀찮지만 초보자는 천을 이용해서 접는 방법을 추천하고 있어요.

떼어내니 입체가 돼버려서 평면으로 옮겨 그릴 수 없다.

제대로 평면이 안 됐잖아!

보기에는 잘라 펼치는 방법이 접는 것보다 쉬워 보이지만… 익숙하지 않은 사람이 작업하면 이렇게 되기 쉬워요.

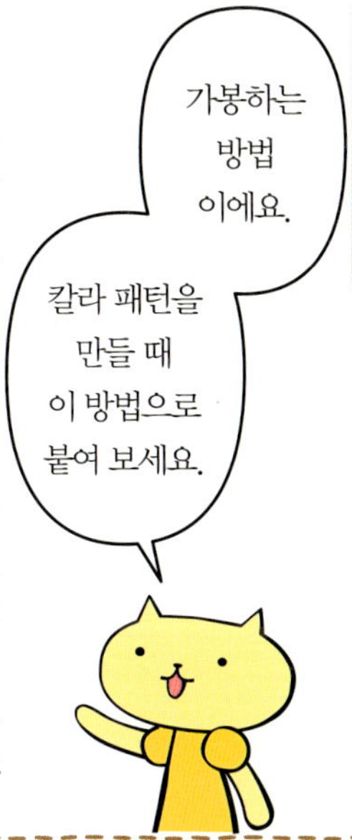

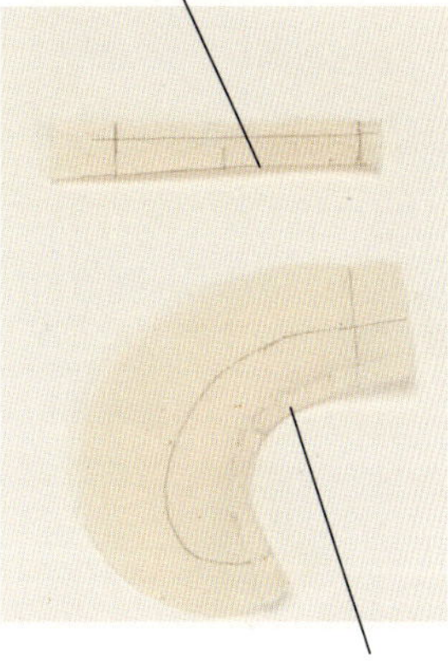

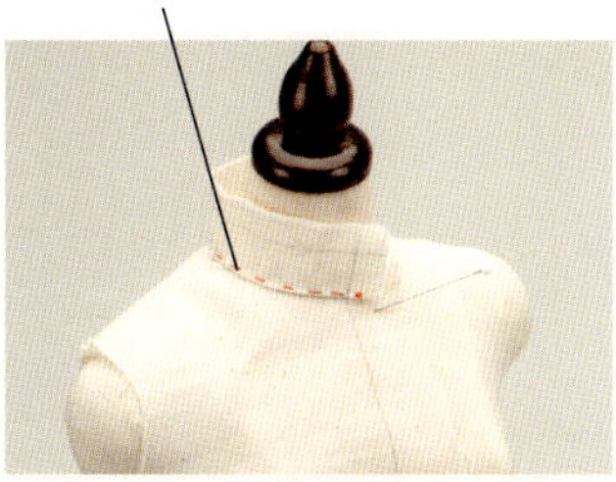

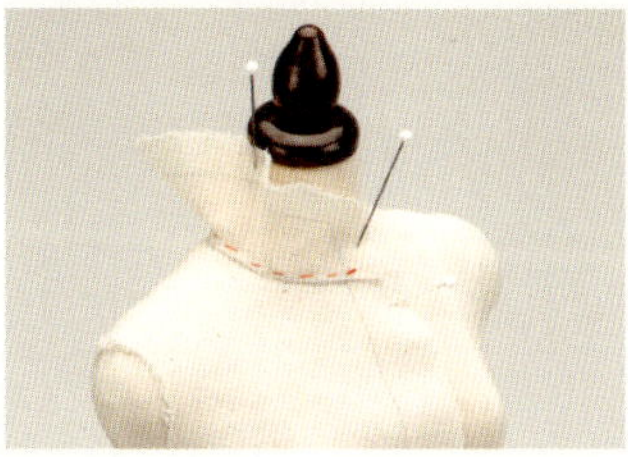

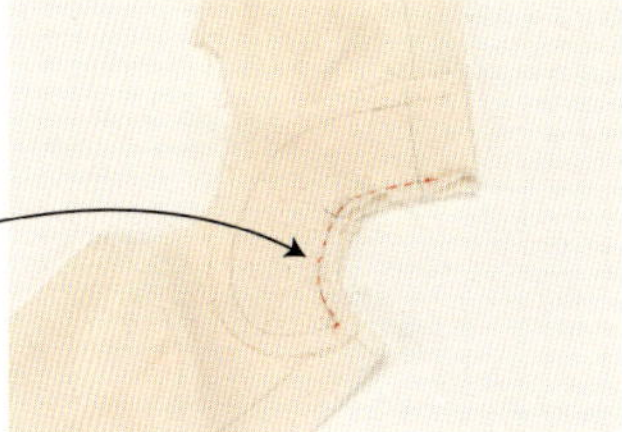

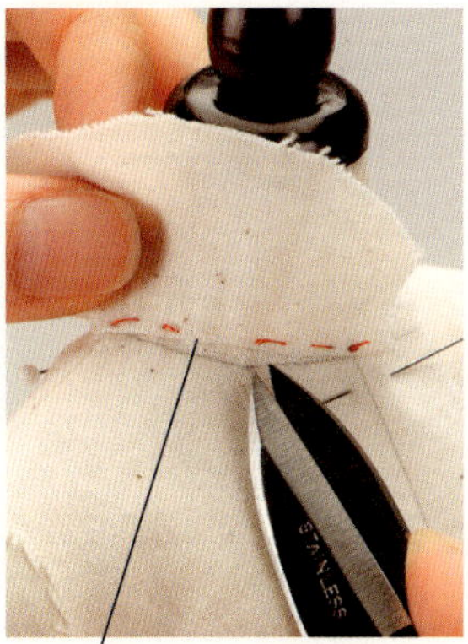

Chapter 7.

패턴의 마무리
— PATTERN I —

> 실전!
> 패턴을 점검하고
> 마무리해요.

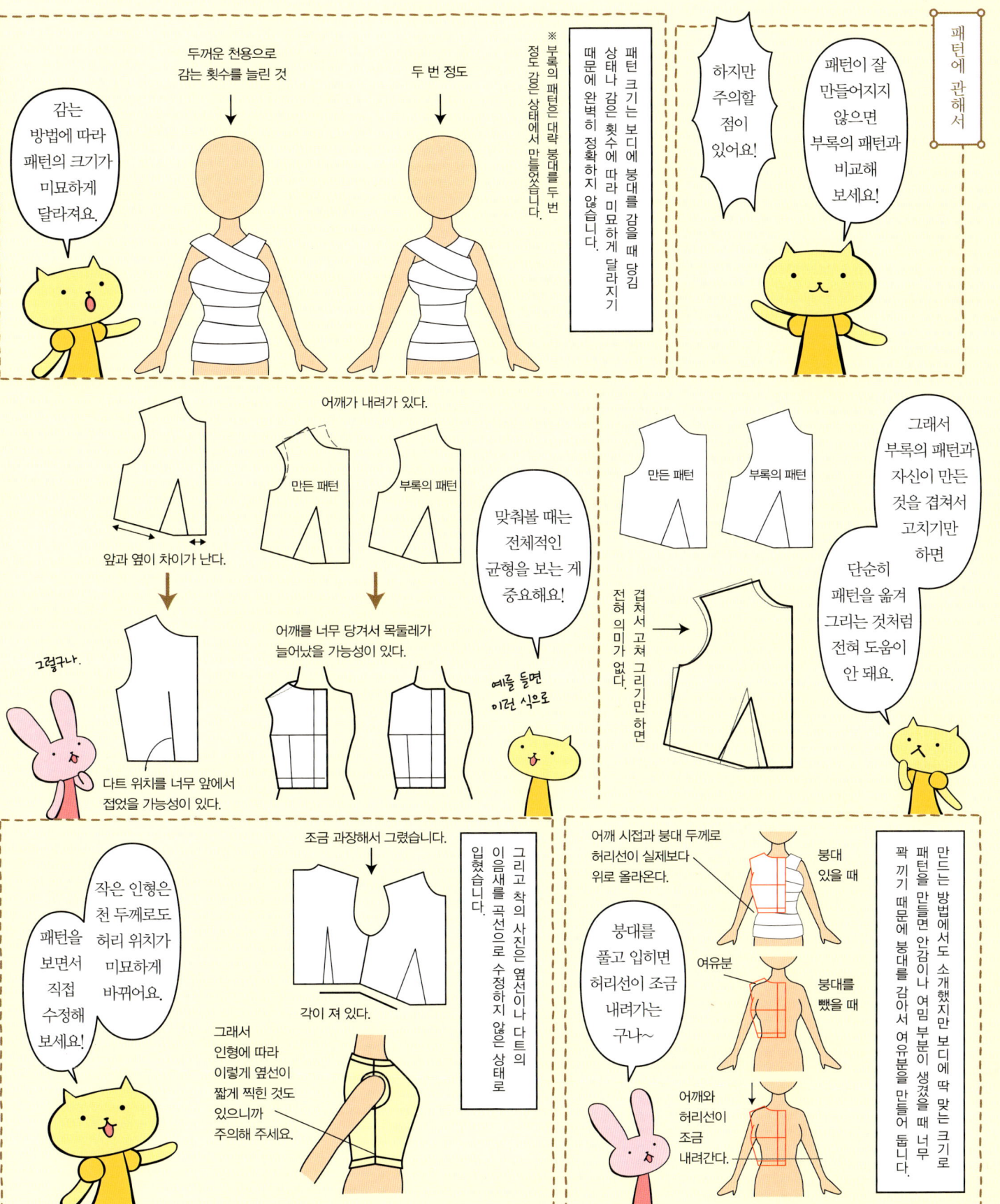

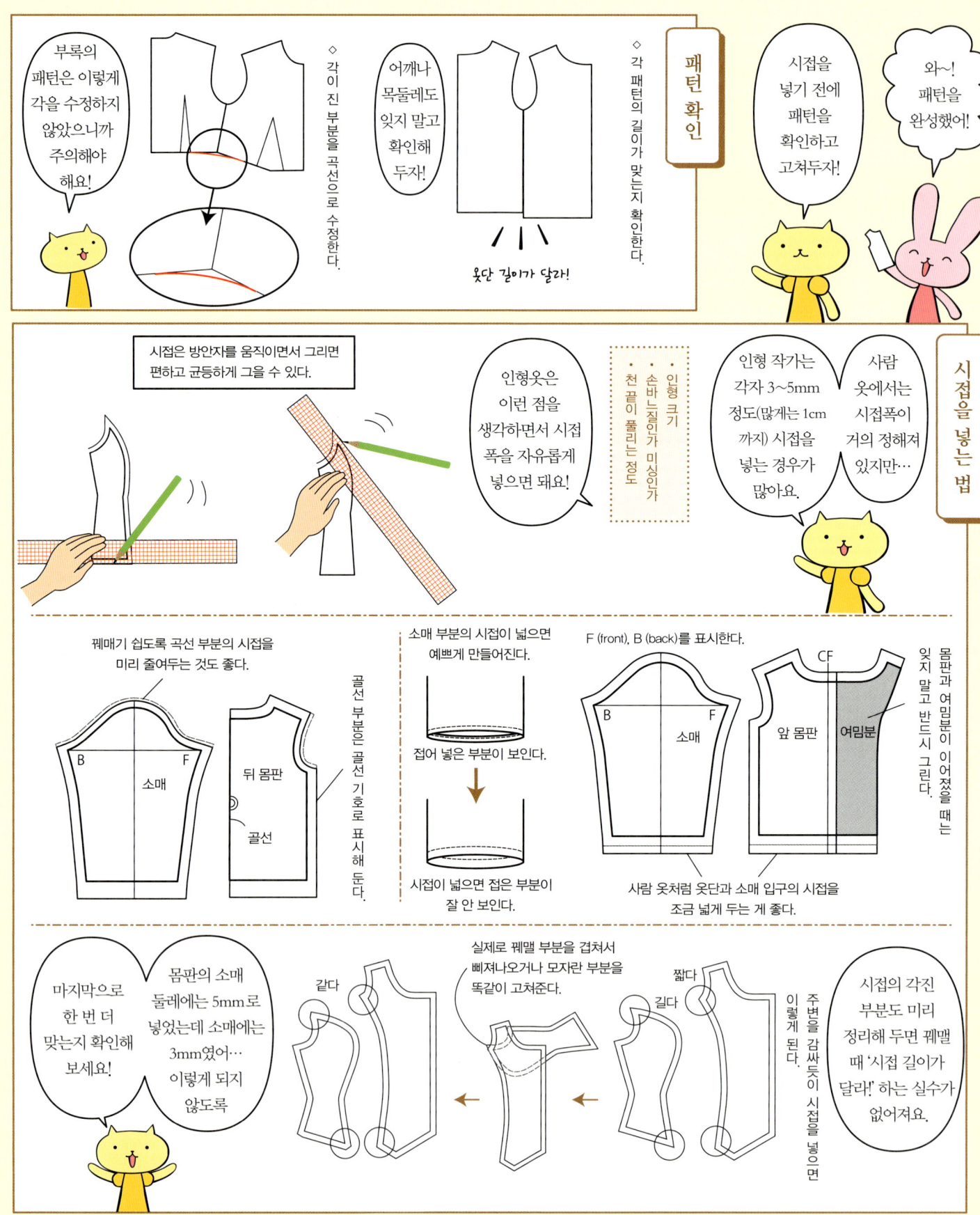

Chapter 8.

패턴의 확대·축소
— PATTERN II —

응용!
패턴의 변형도
도전해 보세요~

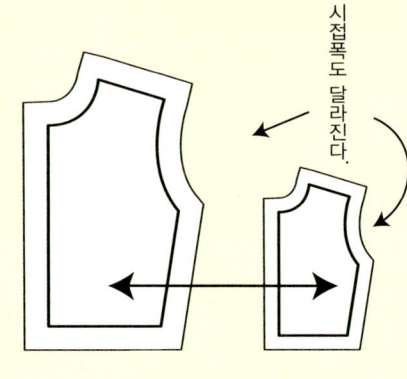
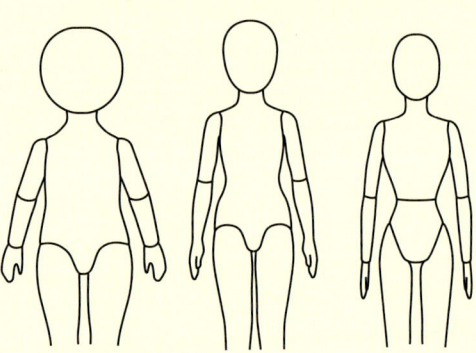

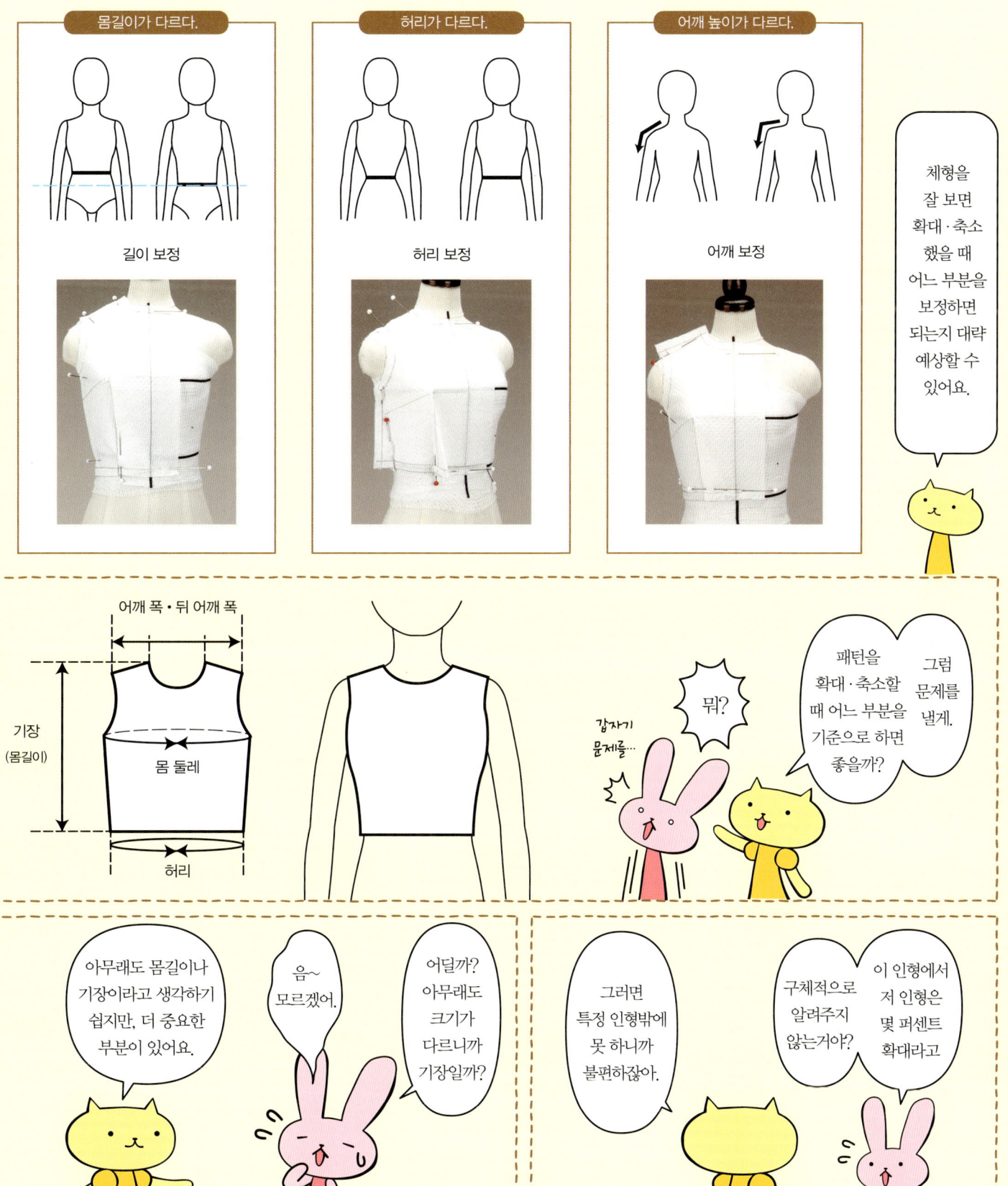

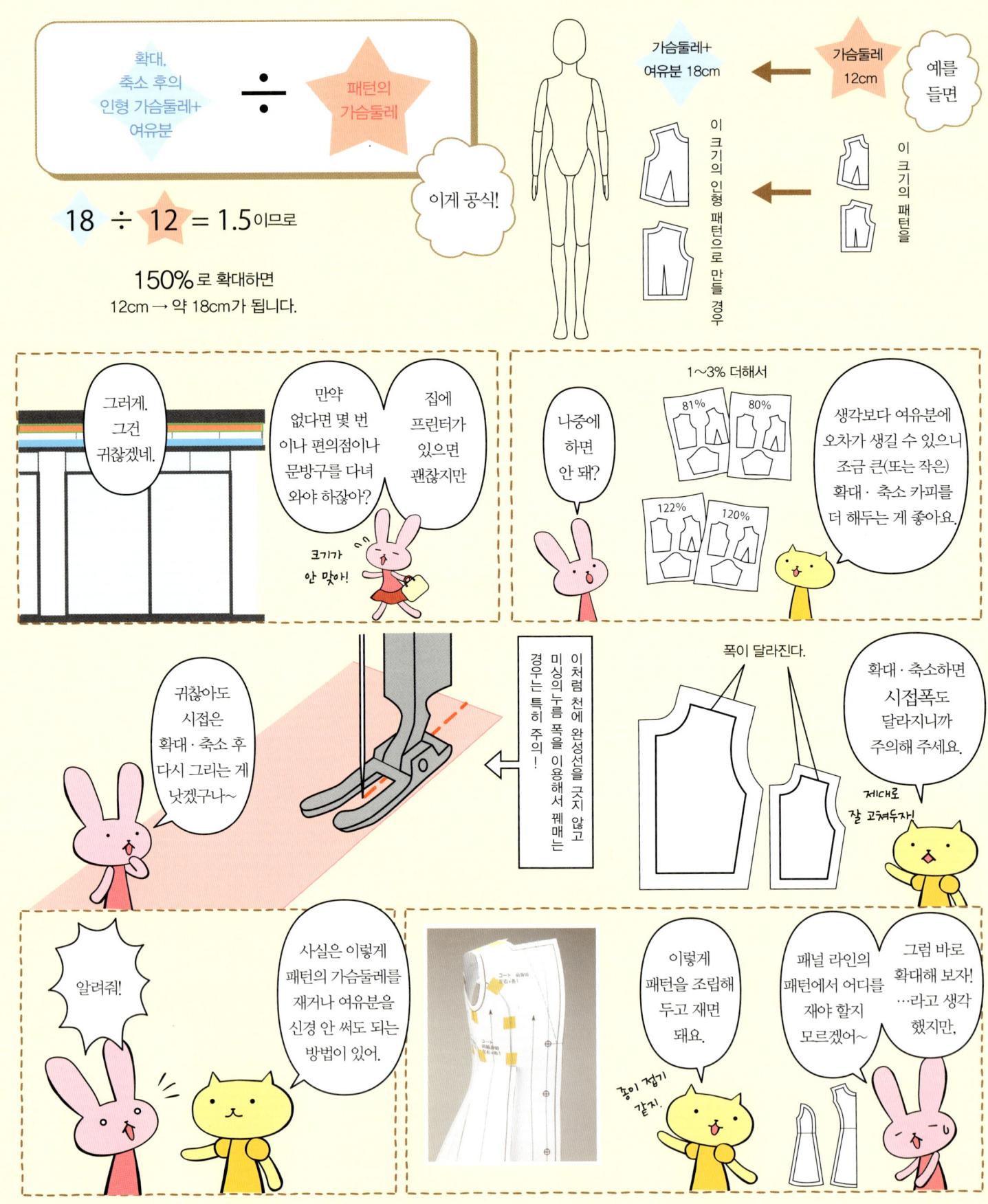

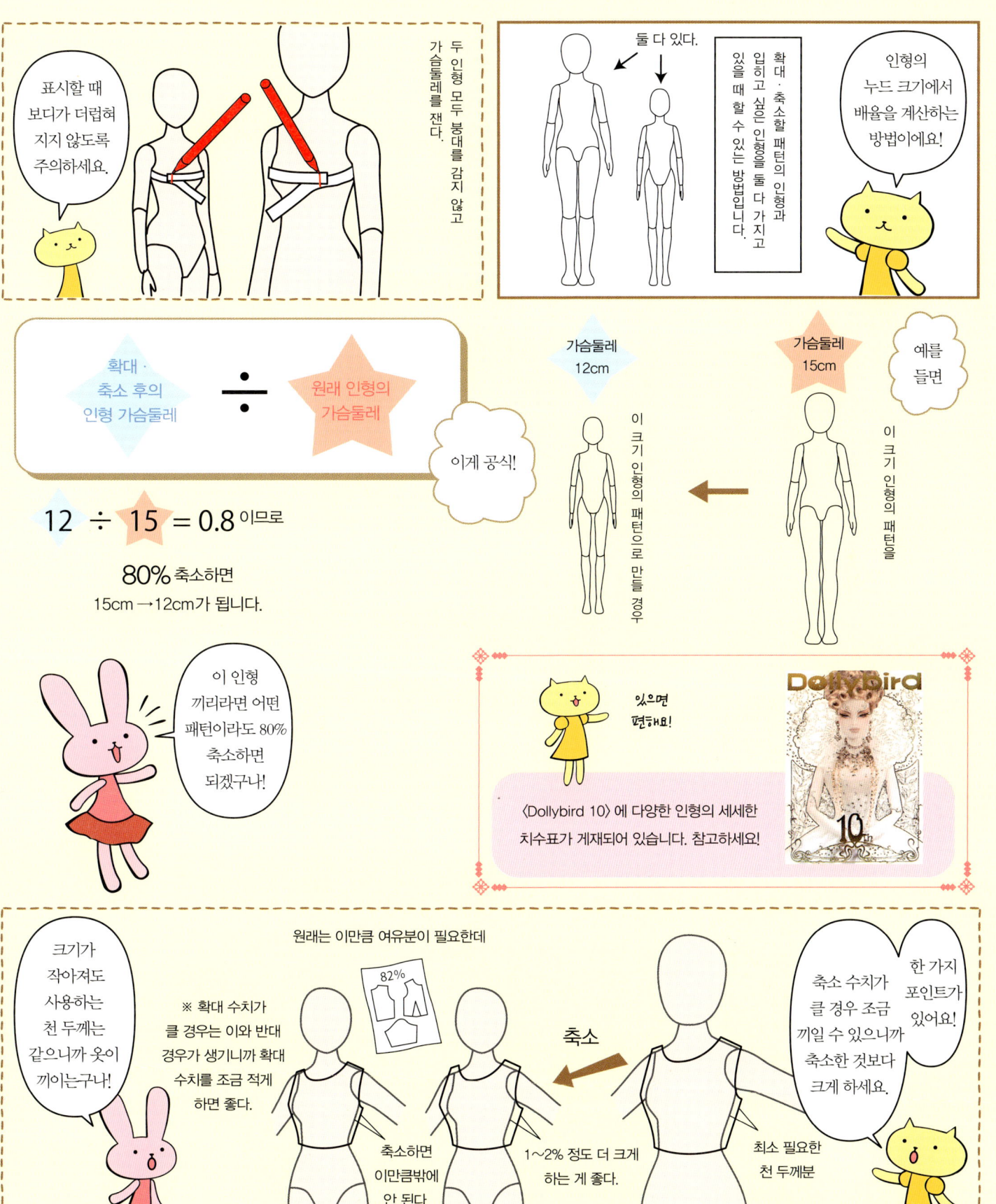

> **Point**
> 천 두께에 따라 여유분이 모자란 경우가 있으니까 축소한 크기보다 1~2% 크게 하는 것이 좋다.

네오 브라이스(가슴둘레 10.3cm)

 뒤  앞

축소
8.4 ÷ 10.3 = 0.815…
81%

미디 브라이스(가슴둘레 8.4cm)

> 거의 보정할 필요 없다.

뒤 앞

시험 삼아 누드 크기로 계산한 배율을 이용해서 몇 가지 패턴을 확대·축소 해 봤어요!

※ 수정 예는 붕대를 감은 횟수 등에 따라 다소 오차가 생깁니다.

> **Point**
> 위에 브라이스의 예와 달리 확대 배율이 크기 때문에 확대한 크기보다 1~2% 작게하는 것이 좋다.

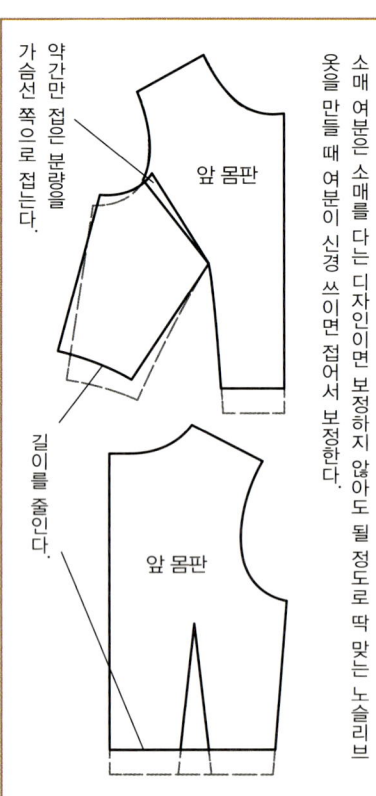

- 약간만 접은 소매 분량을 가슴선 쪽으로 접는다.
- 앞 몸판
- 길이를 줄인다.
- 앞 몸판

소매 여분은 소매를 다는 디자인이면 보정하지 않아도 될 정도로 딱 맞는 노슬리브 옷을 만들 때 여분이 신경 쓰이면 접어서 보정한다.

모모코(가슴둘레 11.2cm)

 뒤  앞

확대
16.9 ÷ 11.2 = 1.508…
150%

유노아 OP 가슴(가슴둘레 16.9cm)

 뒤  앞

몸길이가 조금 더 길어서 허리 아래를 펼쳐서 주름지지 않도록 했습니다.

유노아가 더 가슴이 크기 때문에 소매둘레에 가슴이 조금 더 여분이 생겼다.

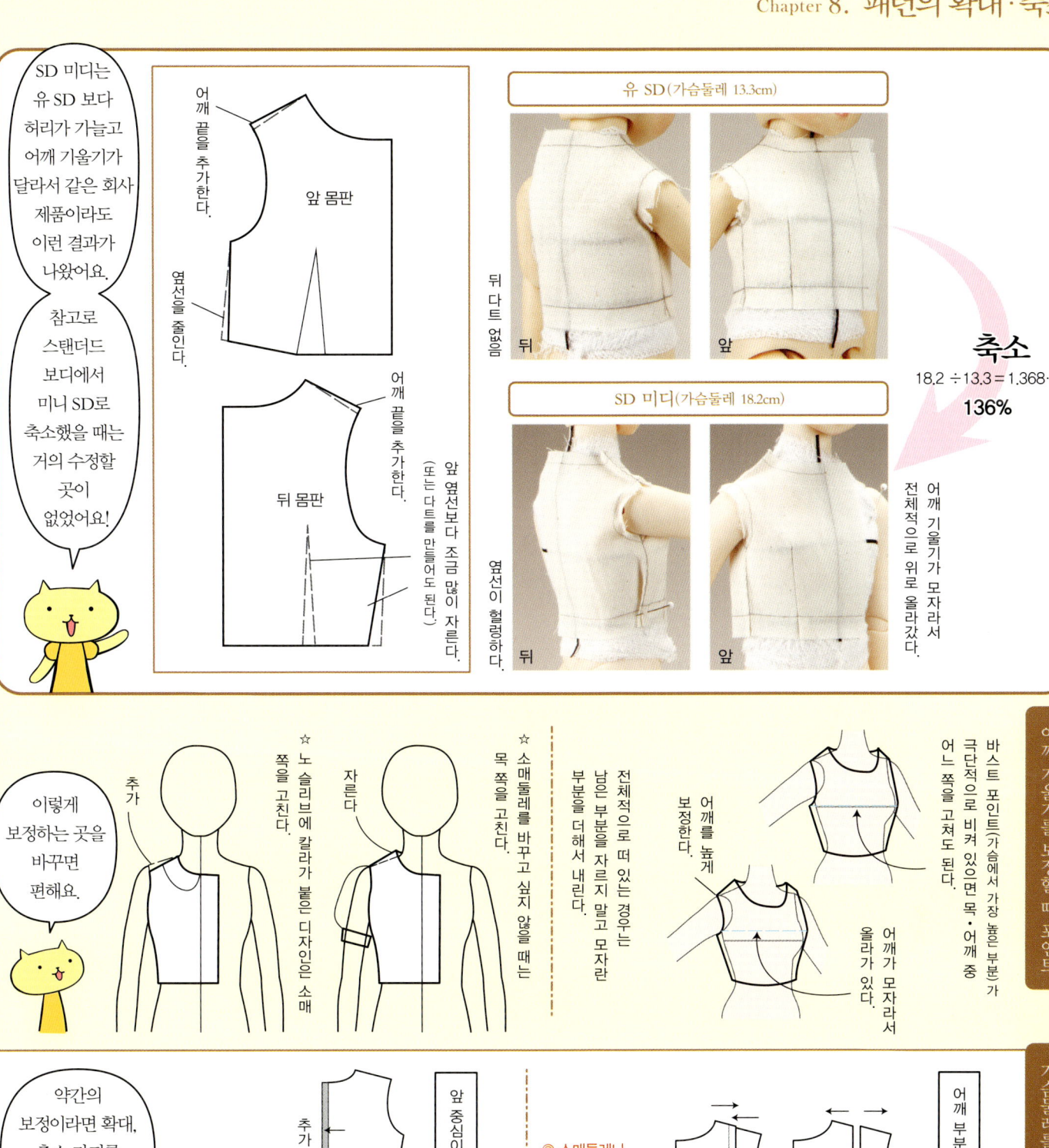

위그를 씌운 상태에서 헐렁하게 재는 게 좋다.

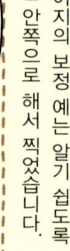

모자는 머리 둘레를 기준으로 하면 돼요.

바지는 엉덩이 둘레를 기준으로 하고,

바지나 모자의 패턴도 확대·축소할 수 있어?

※ 앞 페이지의 보정 예는 알기 쉽도록 시접을 안쪽으로 해서 찍었습니다.

보정할 때는 시접을 밖으로 해서 조립하면 조정하기 쉬워서 작업이 편해요.

허리에 딱 맞는 디자인이 아니면 보정할 부분이 적겠다.

하이 웨스트의 풍성한 원피스

넉넉한 크기의 커트 앤드 소운이나 후드티

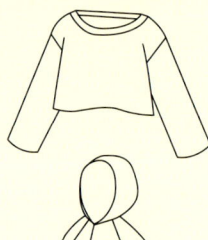

넉넉한 크기의 옷이라면 보정 없이도 괜찮을 거예요.

여기서는 확대·축소를 패턴으로 했기 때문에 보정할 부분이 많았지만

옷도 안 되는구나.

판매할 때는 본인이 직접 처음부터 패턴을 만들어야 해요.

그리고 그 패턴으로 만든 옷을 이벤트나 옥션에 출품하는 것도 안 되니까 주의해야 해요.

응, 물론 안 되지.

책에 게재된 심플한 민소매 원피스

보정+장식

확대

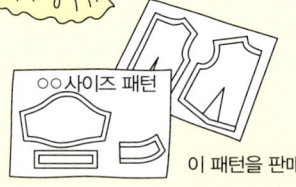

○○사이즈 패턴

이 패턴을 판매

책에 있는 패턴을 확대·축소해서 보정한 뒤 '어레인지' 해서 만든 패턴도 판매하면 안 되는 거야?

그런데 퍼프,

패턴 제작자나 출판사에 폐 끼치지 않도록 주의해서 패턴 어레인지를 즐기자!

그리고 패턴 작가가 '만든 옷의 판매 허락'을 명시한 경우라면 괜찮아요.

개인 사이트에 가끔 있어요.

친구에게 무료로 선물하거나 만든 옷을 자신이 찍어서 블로그 등에 올리는 것은 괜찮아요.

때에 따라 '몰라서'로는 끝나지 않을 수도 있으니 주의해야 해요.

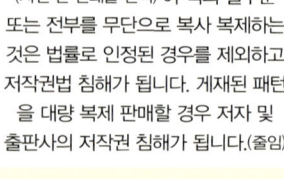

(사진 안 인쇄물 번역) 이 책의 일부분 또는 전부를 무단으로 복사 복제하는 것은 법률로 인정된 경우를 제외하고 저작권법 침해가 됩니다. 게재된 패턴을 대량 복제 판매할 경우 저자 및 출판사의 저작권 침해가 됩니다.(줄임)

이럴 경우 자신이 '어레인지'를 했어도 상업적으로 이용할 수 없으니 주의!

대부분 출판물은 책 뒤에 이런 주의 문구가 쓰여 있습니다.

Chapter 9.

이 책의 저작권에 관해
── COPYRIGHT ──

꼭 지켜주세요~

사용 허용 범위에 관해서

지켜줘!

"되도록 알기 쉽게 적었으니까 한 번씩 봐주시면 고맙겠어요."

"이 책에 소개한 패턴을 제작하면서 지켜주셔야 할 게 몇 가지 있어요."

해도 되는 것

O.K! ☆ 처음부터 자신이 직접 만든 오리지널 디자인 패턴의 판매

O.K! ☆ 자신이 만든 패턴으로 제작한 오리지널 디자인 옷의 판매

처음부터 전부 내가 만들었어!

이 책의 패턴을 만드는 방법을 참고하여 자신이 직접 처음부터 만든 패턴은 마음대로 해도 괜찮습니다.

각자 확인해 주세요.

■ 캐릭터 등의 판권이 있는 옷의 상업적 이용은 판권자의 허가가 필요. 아이돌 의상 등도 마음대로 판매하면 안 된다. (웹 게재는 확실치 않다.)

■ 일부 인형 등은 직접 만든 것이라도 옷이나 패턴 판매를 금지하는 회사도 있어요.

하지만 이 경우는 주의!

☆ 직접 만든 패턴으로 제작한 오리지널 디자인 옷을 웹에 게재
☆ 직접 만든 패턴으로 제작한 오리지널 디자인 옷을 잡지 등에 투고하거나 콘테스트 등에 응모

※ 전부 직접 촬영한 것이거나 허가받은 것이면 O.K

O.K! 교과서를 참고로 해서 만들어 봤어요! 지금 키친타올로 패턴 만드는 중~

☆ 완성한 옷이나 제작 순서를 웹에 게재

하면 안 되는 것

☆ 이 책에 있는 내용을 게재

이런 식으로 패턴을 만들면 돼!

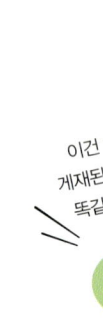
옷 만들기는 어느 정도 비슷한 부분이 많아서 판단하기 힘들지만 확실한 베낀 것이 확실한 일은 하지 마세요.

× NG!

○○ 인형의 패턴 이에요. 무료로 배부하니까 사이트에 놀러 와요!

이건 책에 게재된 패턴과 똑같잖아…

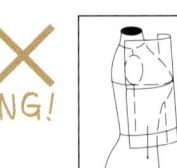
× NG!

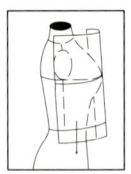
책 내용과 거의 같은데

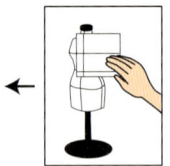
어라? 누가 봐도

74

Chapter 9. 이 책의 저작권에 관해

Chapter 10.

패턴 30종의 해설
— BASIC PATTERNS —

두근두근
특별부록!

Chapter 10. 패턴 30종의 해설

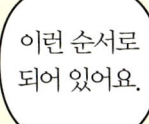

이런 순서로 되어 있어요.

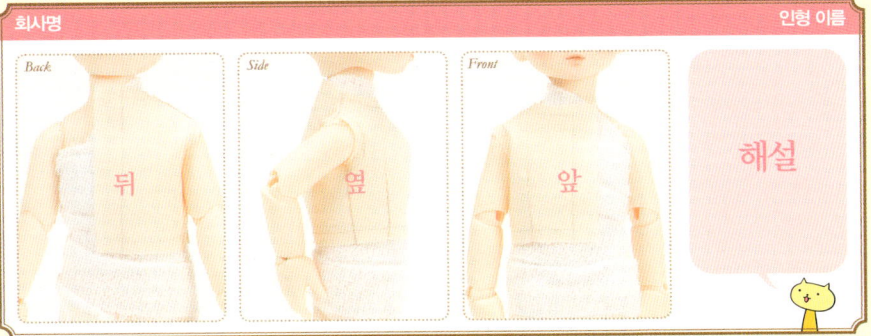

특별부록 패턴을 인형에 입힌 사진입니다. 참고해 주세요!

---

maker **VOLKS** name : 유 슈퍼 돌피®(유 SD) 여자아이

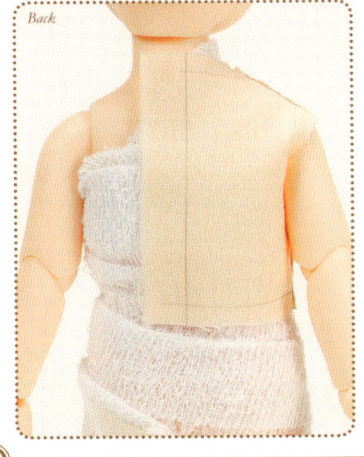 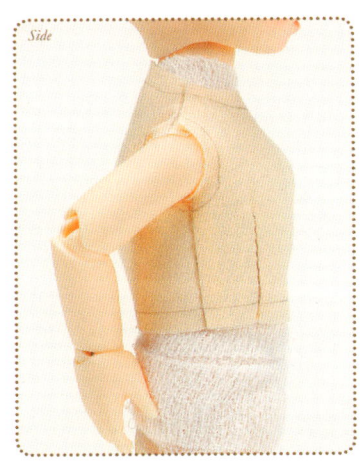 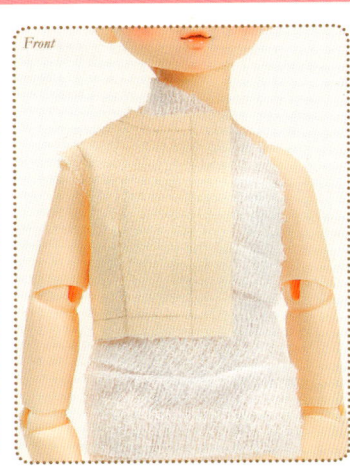

슈퍼 돌피 중에서 작은 사이즈지만 1/6 사이즈보다는 훨씬 크고, 가슴이 작아서 패턴을 만들기 쉽습니다. 어깨 폭이 좁아지지 않도록 주의해 주세요.

〈제작조형 Volks・조형촌 ⓒ 1998-2015 VOLKS INC. All rights are reserved.〉

---

maker **VOLKS** name : 슈퍼 돌피® 미디(SDM) 여자아이

 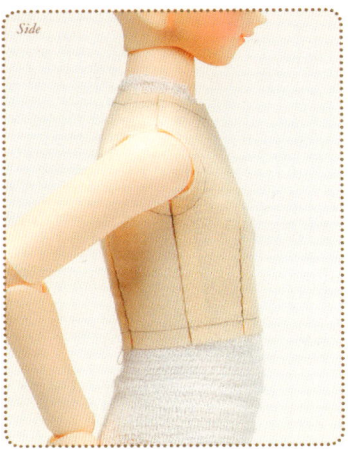 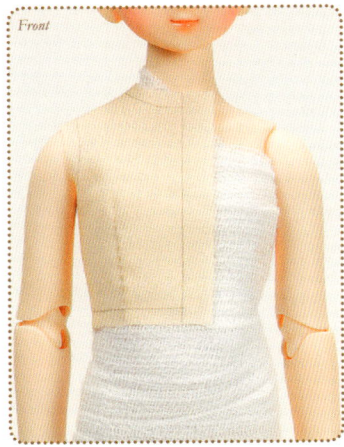

허리보다 조금 아래에서 보디가 분리됩니다. 움직이면 작업하기 힘드니 마스킹 테이프로 고정하는 게 좋습니다. MSD와 호환성이 높습니다.

〈제작조형 Volks・조형촌 ⓒ 1998-2015 VOLKS INC. All rights are reserved.〉

maker **VOLKS** name : 슈퍼 돌피®(SD) 여자아이

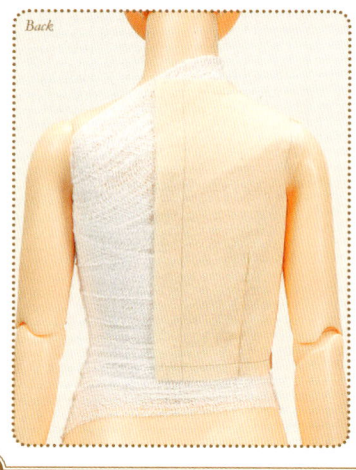
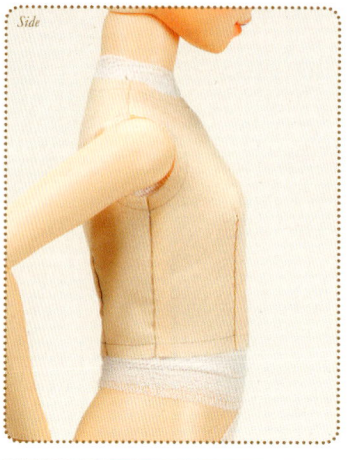

분할이 없는 보디로 패턴을 제작했습니다. 가슴도 적당히 있고, 패턴을 만들기 쉬운 크기의 인형이므로, 가지고 계신 분은 제일 먼저 이 보디로 패턴 제작 연습을 해보는 게 좋을 거예요.

〈제작조형 Volks・조형촌 © 1998-2015 VOLKS INC. All rights are reserved.〉

maker **VOLKS** name : 슈퍼 돌피® 16(SD16) 여자아이

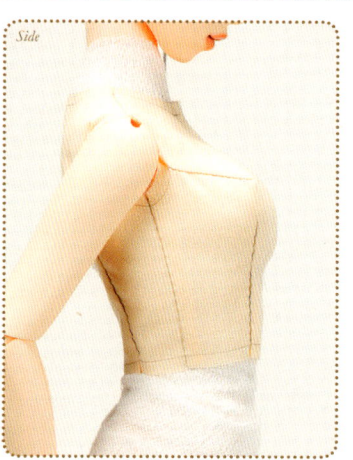
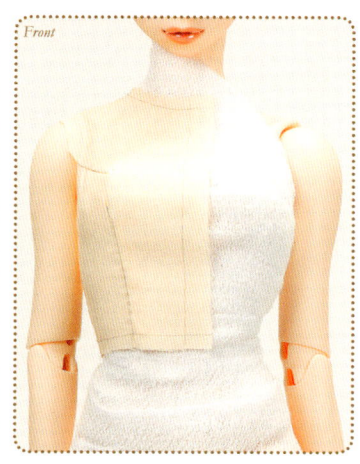

꽤 글래머러스한 체형이라서 2줄 다트로 작업하길 권장합니다. 뒤 다트 분량이 다른 인형에 비해 많습니다.

〈제작조형 Volks・조형촌 © 1998-2015 VOLKS INC. All rights are reserved.〉

maker **VOLKS** name : 돌피 드림® / 돌피 드림® 시스터(DD/DDS) SS 가슴

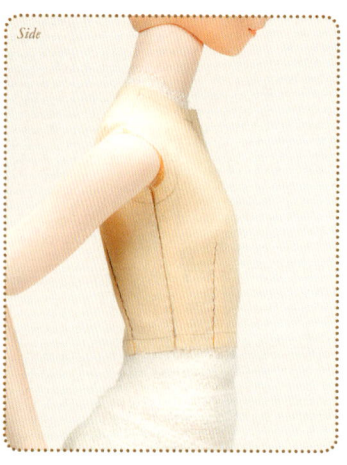

가슴이 작아서 패턴 제작이 어렵지 않습니다. 희소 보디로 작업 중 색이 묻지 않도록 주의하세요.

〈제작조형 Volks・조형촌 © 2003-2015 VOLKS INC. All rights are reserved.〉

Chapter 10. 패턴 30종의 해설

maker VOLKS　　　　　　　　　　　　　　　　　**name :** 돌피 드림® / 돌피 드림® 시스터(DD/DDS) S 가슴

 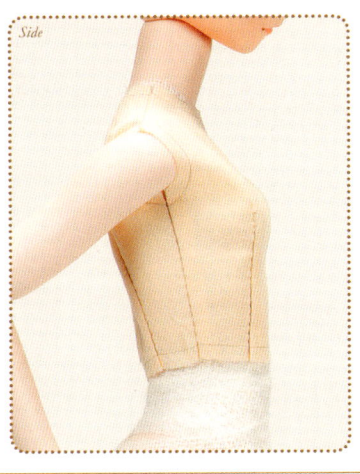 

가슴이 봉긋하지만 그렇게 크지 않아 1줄 다트로 제작할 수 있습니다. 패턴을 만들기 쉬운 보디라서 먼저 연습하기에 좋습니다.

〈제작조형 Volks · 조형촌 © 2003-2015 VOLKS INC. All rights are reserved.〉

maker VOLKS　　　　　　　　　　　　　　　　　**name :** 돌피 드림® / 돌피 드림® 시스터(DD/DDS) M 가슴

2줄 다트로 만들지 않으면 예쁜 라인이 안 나옵니다. L가슴 패턴을 만들 분도 먼저 M가슴으로 연습해 두면 좋습니다.

〈제작조형 Volks · 조형촌 © 2003-2015 VOLKS INC. All rights are reserved.〉

maker VOLKS　　　　　　　　　　　　　　　　　**name :** 돌피 드림® / 돌피 드림® 시스터(DD/DDS) L 가슴

 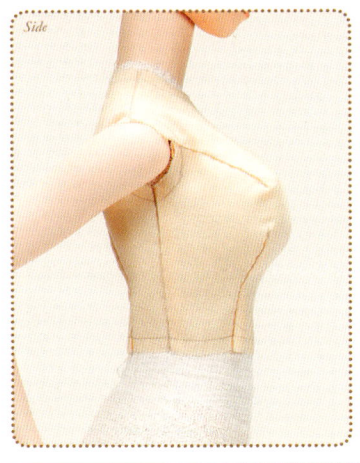 

가슴이 꽤 크기 때문에 소매둘레와 가슴 아래 다트 분량도 많습니다. 접을 위치를 여러 각도로 연구하면서 예쁜 가슴 곡선이 만들어지도록 해 보세요.

〈제작조형 Volks · 조형촌 © 2003-2015 VOLKS INC. All rights are reserved.〉

maker VOLKS			name : 미니 돌피 드림®(MDD) S 가슴
 Back	 Side	 Front	가슴이 작아서 작업이 어렵지 않습니다. 앞 다트 분량이 꽤 적어요. 작업 중에 분할 보디가 움직이지 않도록 잘 고정해 주세요.

〈제작조형 Volks・조형촌 © 2003-2015 VOLKS INC. All rights are reserved.〉

maker VOLKS			name : 미니 돌피 드림®(MDD) M 가슴
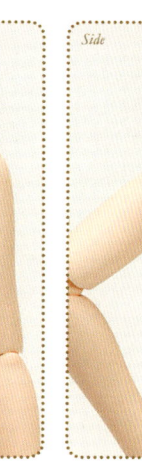 Back	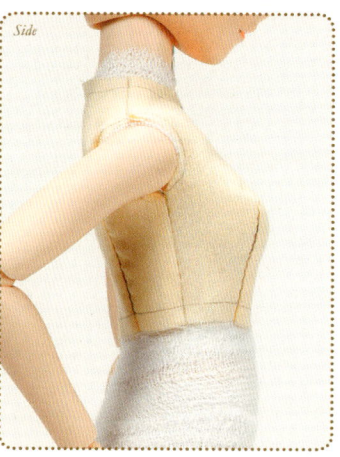 Side	 Front	가슴 볼륨이 꽤 있습니다. 1줄 다트로도 제작할 수 있지만, 2줄 다트로 만들면서 연습해 보는 것도 좋아요.

〈제작조형 Volks・조형촌 © 2003-2015 VOLKS INC. All rights are reserved.〉

maker VOLKS			name : 미니 돌피 드림®(MDD) L 가슴
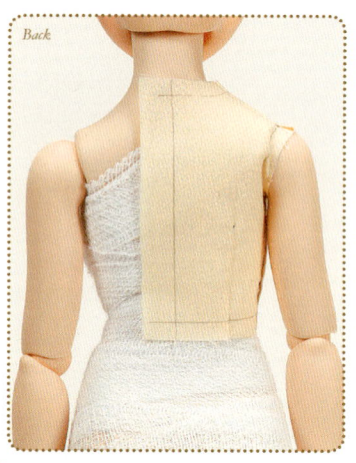 Back	 Side	 Front	2줄 다트로 만들지 않으면 예쁜 곡선이 나오지 않습니다. 접을 위치를 여러 각도로 시험해 보면서 가슴 모양에 맞는 다트를 만들어 보세요.

〈제작조형 Volks・조형촌 © 2003-2015 VOLKS INC. All rights are reserved.〉

Chapter 10. 패턴 30종의 해설

| maker **OBITSU** | | | name : **오비츠60** |

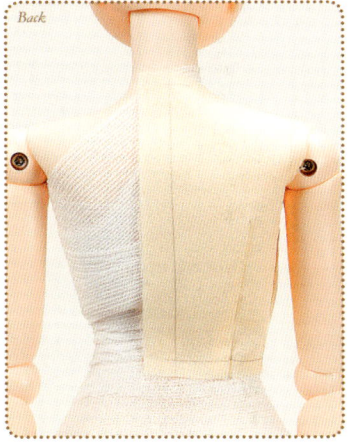 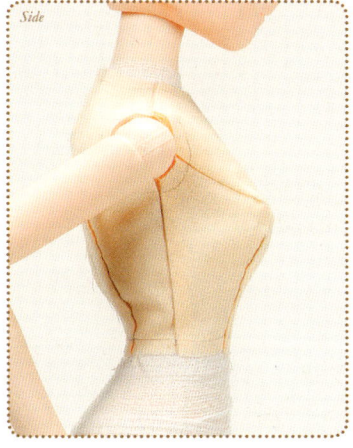 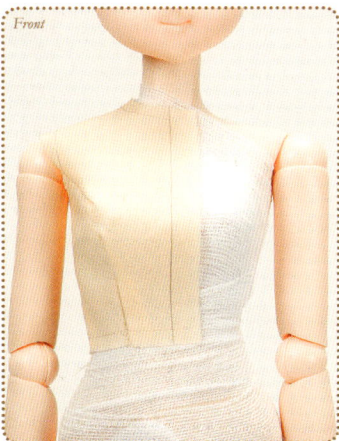

어깨가 조금 넓고 가슴이 다소 중심에 쏠려 있어서, 가슴 아래 다트가 약간 중심으로 치우치는 경향이 있어요. 분할 부분의 높낮이가 신경 쓰인다면 분할 아랫부분의 공간을 채우듯이 붕대로 감아주세요.

©OBITSU

| maker **OBITSU** | | | name : **오비츠48/50** |

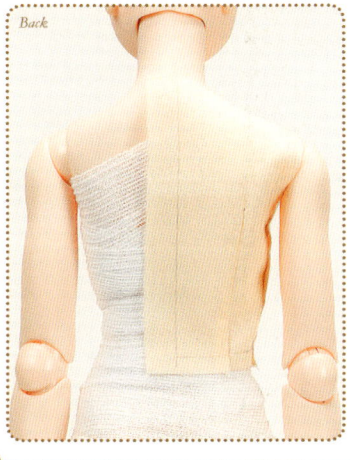 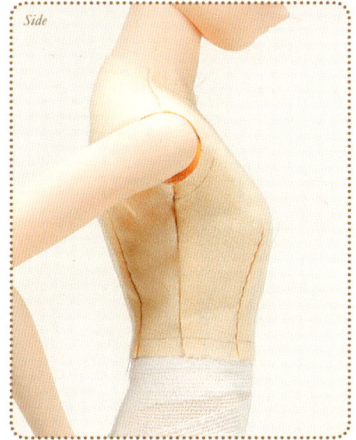 

아존AZONE 의 캐릭터 인형 등에도 쓰이는 보디입니다. 허리선을 정하기 힘든 인형이라서 라인 테이프로 허리선을 붙일 때는 조금 떨어져서 위치를 확인하면서 붙여보세요.

©OBITSU

| maker **OBITSU** | | | name : **오비츠11** |

DOLLCE 의 아마무스 등에도 쓰이는 보디예요. 앞 몸판이 앞으로 처졌을 뿐, 다트는 없습니다. 작아서 작업하기 힘들 때는 시침핀보다 맨딩 테이프로 고정하고, 옆선과 어깨선을 가위로 잘라 제작해도 괜찮습니다.

©OBITSU

maker **HOBBY JAPAN**			name : **유노아 크루스 제로**

 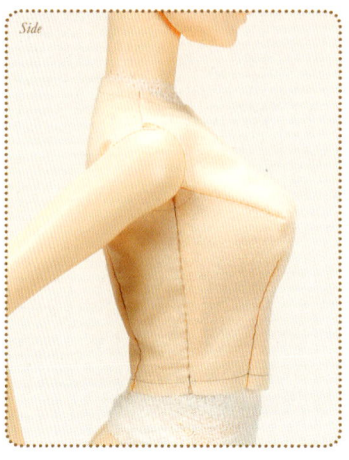 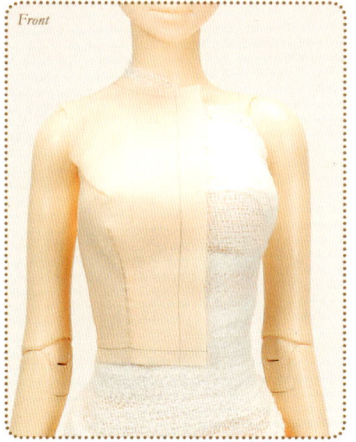

글래머러스한 보디라서 2줄 다트로 만들기를 권합니다. 분할이 쉽게 움직이니 마스킹 테이프로 고정해주는 게 좋아요. 팔이 안쪽으로 들어가 있어서 어깨 폭이나 암홀 위치를 정할 때 주의해야 합니다.

©GENTARO ARAKII ©Renkinjyutsu-Koubou,Inc. All Rights Reserved.

maker **연금술공방**			name : **유노아 크루스 언니(디폴트 가슴)**

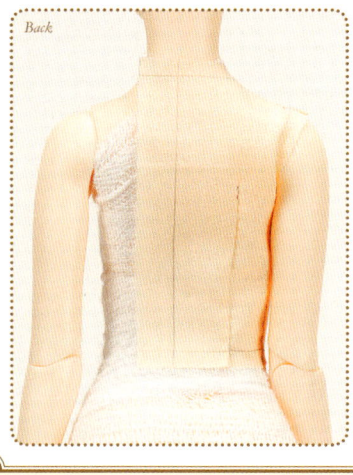 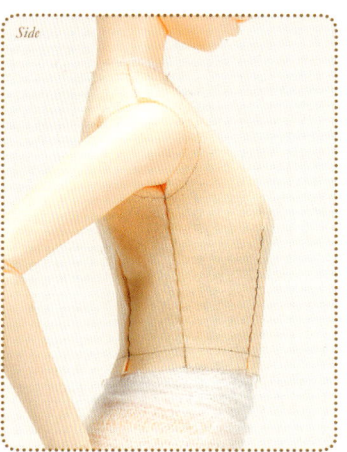 

슬림하고 두께감이 없는 보디라서 세로로 긴 패턴이 만들어집니다. 팔이 안쪽으로 들어가 있어서 어깨 폭과 암홀 위치를 정할 때 주의해야 합니다.

©GENTARO ARAKII ©Renkinjyutsu-Koubou,Inc. All Rights Reserved.

maker **연금술공방**			name : **유노아 크루스 언니(글래머러스 가슴)**

 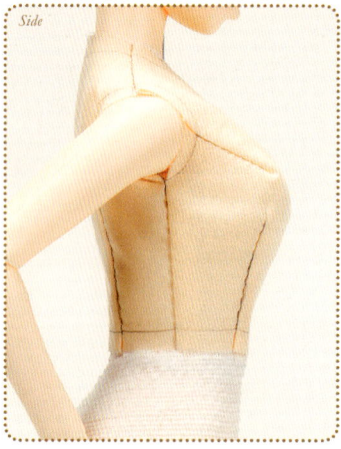 

가슴이 커서 2줄 다트로 만들기를 권합니다. 거유지만 보디 자체는 슬림하고 두께감이 없어서 뒤 다트도 긴 편입니다. 위 보디와 같이 어깨 폭과 암홀 위치를 정할 때 주의해야 합니다.

©GENTARO ARAKII ©Renkinjyutsu-Koubou,Inc. All Rights Reserved.

Chapter 10. 패턴 30종의 해설

maker **연금술공방**   *name* : **유노아 크루스 소녀(디폴트 가슴)**

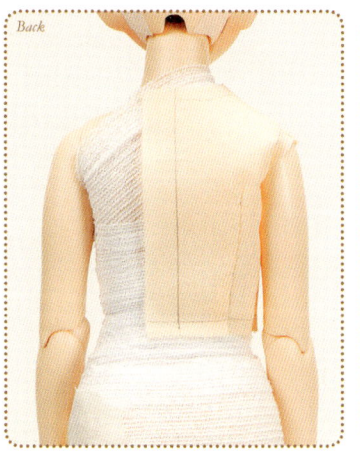
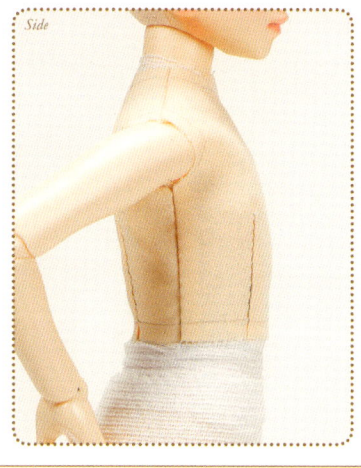

사람에 가까운 느낌의 균형 있는 보디이므로 작업하기 편합니다. 하지만 분할 부분은 마스킹 테이프 등으로 잘 고정해야 합니다. 그렇지 않으면 작업하기 힘들어요.

©GENTARO ARAKII ©Renkinjyutsu-Koubou,Inc. All Rights Reserved.

maker **연금술공방**   *name* : **유노아 크루스 소녀(옵션 가슴)**

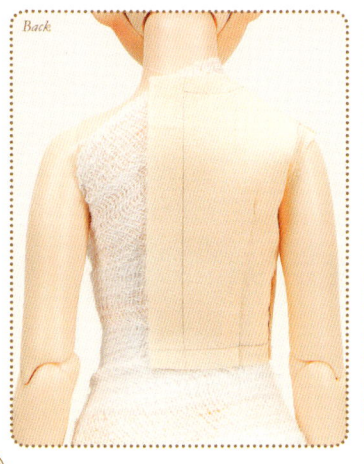

거유라서 2줄 다트로 만들기를 권장합니다. 비교적 작업하기 쉬운 보디라서 2줄 다트를 처음 해보는 분도 쉽게 만들 수 있을 거예요.

©GENTARO ARAKII ©Renkinjyutsu-Koubou,Inc. All Rights Reserved.

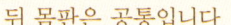
뒤 몸판은 공통입니다.

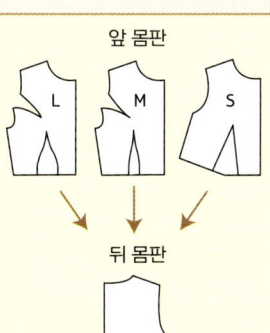

DD 시리즈나 유노아 시리즈 등 한 종류에서 다양한 가슴 사이즈 전개가 있는 인형에 관해서

머리나 팔을 쉽게 분리할 수 있는 인형은 분리하는 것이 작업하기 쉽습니다.

색이 잘 묻는 소재는 작업 중에 보디를 더럽히지 않도록 랩이나 보디 타이츠 등으로 보호해 주세요.

작업 중 실수로 그은 연필 자국이 지워지지 않고 남는 경우가 있어요.

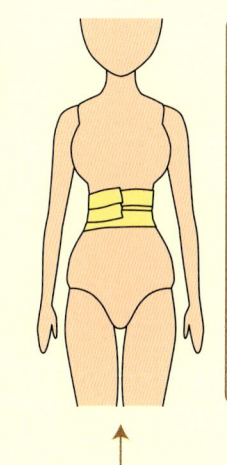

분할 보디는 작업 중에 움직이지 않도록 마스킹 테이프로 잘 고정해 주세요.

보디에 마스킹 테이프를 직접 붙이는 것이 신경 쓰이는 분은 분할 부분에 랩을 얇고 단단히 감아서 붙이거나 작업이 끝나고 바로 떼어줍니다.

maker **TAKARA TOMY**			name : **네오 브라이스**
	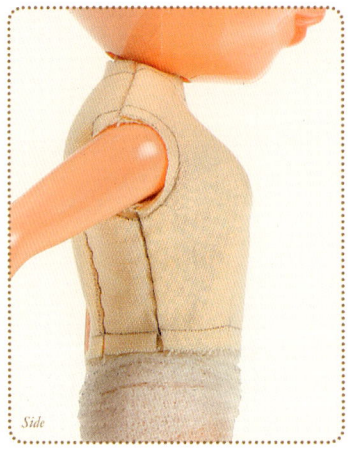	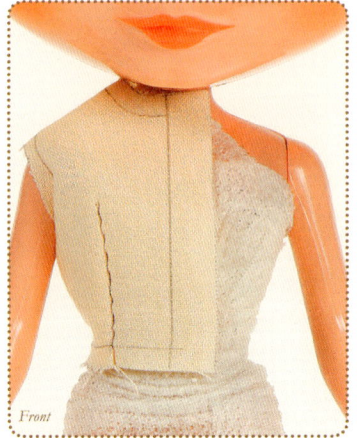	가능한 분은 머리를 분리해 두면 작업하기 쉽습니다. 어깨 부분 두께가 방해돼서 뒤 몸판을 감기 힘들 때는 키친타월의 필요 없는 부분을 잘라 내거나 가위질을 많이 넣으면 됩니다.

BLYTHE is a trademark of Hasbro. ©2015 Hasbro.All Rights Reserved.

maker **TAKARA TOMY**			name : **미디 브라이스**
			브라이스를 그대로 축소한 느낌이므로 작업 포인트도 브라이스와 거의 같아요. 하지만 크기가 매우 작아서 작업하기 힘든 경향이 있습니다.

BLYTHE is a trademark of Hasbro. ©2015 Hasbro.All Rights Reserved.

maker **TAKARA TOMY**			name : **리카**
	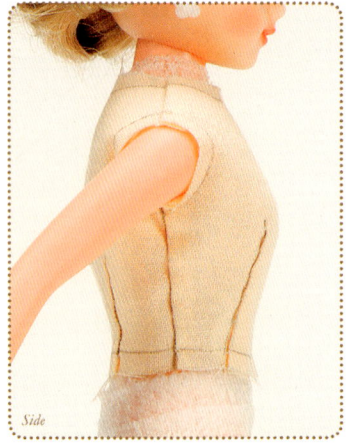		제작 포인트는 브라이스와 거의 같습니다. 어깨 관절 위치가 암홀과 같아요. 허리 위치를 알기 쉬운 보디지만 유행에 따라 높낮이를 바꿔도 괜찮습니다.

© TOMY

Chapter 10. 패턴 30종의 해설

maker TAKARA TOMY   name : 제니

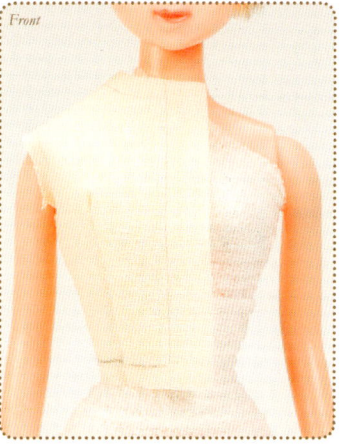

가슴도 있고 허리도 가는 글래머러스한 체형이지만 크기가 작아서 1줄 다트로도 예쁘게 만들 수 있어요. 키친타월로 감기 쉽고 작업하기 쉬워서 패턴 제작 연습하기에 좋은 보디입니다.

© TOMY

maker GROOVE   name : 푸리프

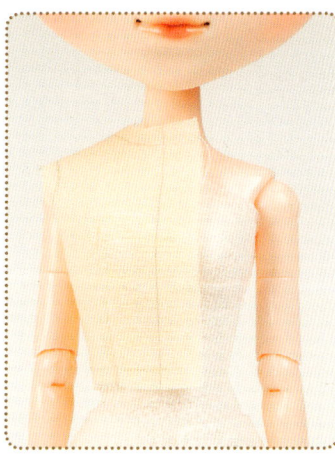

어깨를 수평으로 올릴 수 있어서 소매둘레 부근 작업이 쉽습니다. 슬림한 체형이라서 조금 긴 패턴이 만들어집니다. 유행에 따라 허리 위치를 조정해도 좋아요.

©Cheonsang cheonha.All Rights Reserved.

maker TONNER   name : 타이니 벳시

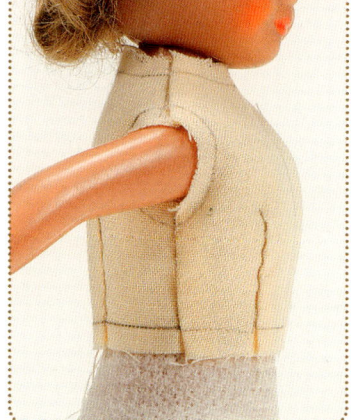

굴곡은 있지만 가슴골이 없고 마치 땅콩 껍데기 같은 체형입니다. 사람 체형과 유사하지 않은 심플한 보디라서 작업하기 편합니다.

"Betsy McCall" is a registered trademark licensed for use by Meredith Corporation   ©2015 Meredith Corporation All rights reserved. Produced under license by Effanbee Doll Company,Inc.

| maker | AZONE INTERNATIONAL | name : 퓨어니모 플렉션 XS |

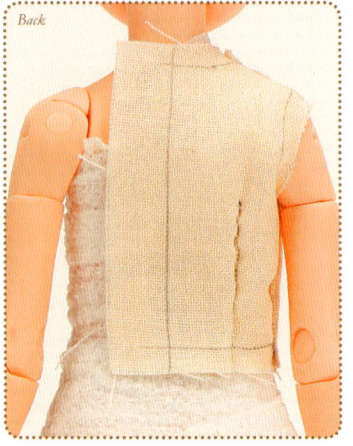 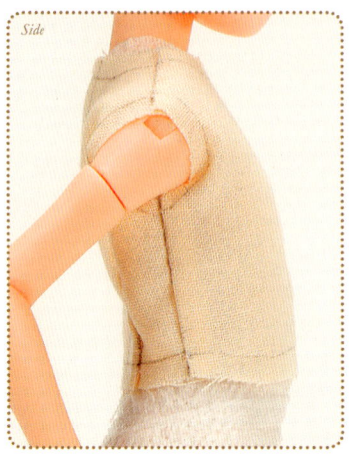 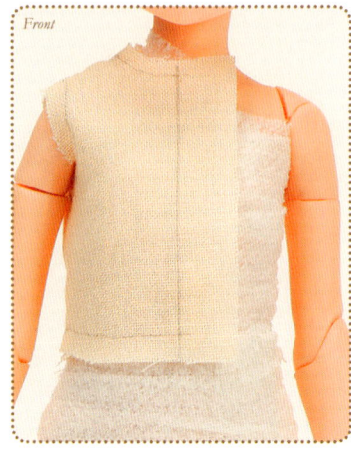

〈엑스☆큐트 패밀리〉의 치사와 니나 외에도 루루코 등에도 쓰이는 보디입니다. 밋밋한 체형이지만, 옆에 미묘하게 면이 있어서 키친 타월을 감을 때 힘들 수 있어요. 앞 몸판이 앞으로 처졌을 뿐, 다트는 없어요.

©AZONE INTERNATIONAL 2015

| maker | AZONE INTERNATIONAL | name : 퓨어니모 플렉션 S |

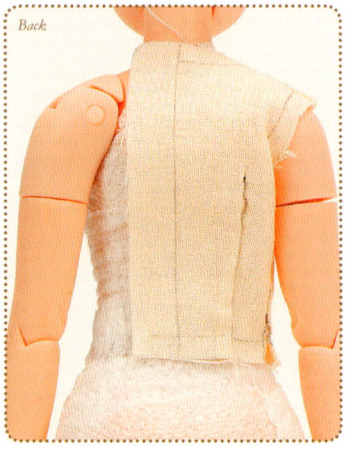 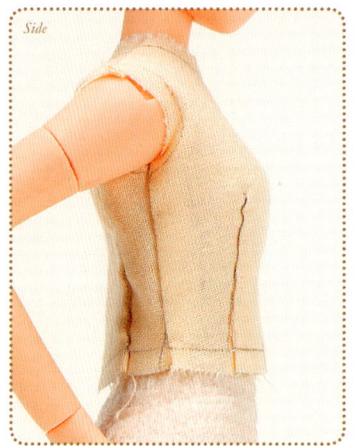 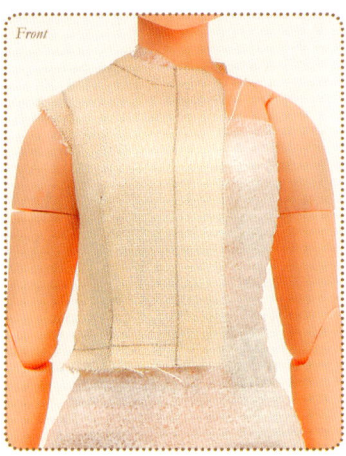

〈엑스☆큐트 패밀리〉의 아이카와 코론 등 메인 멤버에 쓰이는 보디입니다. 보디 옆에 면이 있고 뒤로 젖혀져 있어서 뒤 다트의 길이를 정하기 조금 어려울 수 있어요.

©AZONE INTERNATIONAL 2015

| maker | AZONE INTERNATIONAL | name : KIKIPOP! |

 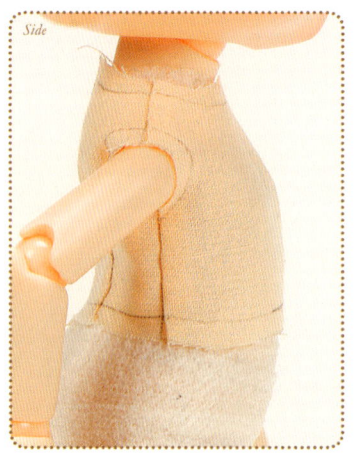 

특수한 체형이라서 뒤에 다트가 들어가지만 앞에는 다트가 없습니다. 허리 위치도 알기 어려워서 멀리서 전체적인 균형을 보면서 선을 그어 주세요. 버섯 주스 키키와 사이즈 호환이 가능합니다.

©KINOKO JUICE/AZONE INTERNATIONAL

Chapter 10. 패턴 30종의 해설

maker SEKIGUCHI   name: 모모코

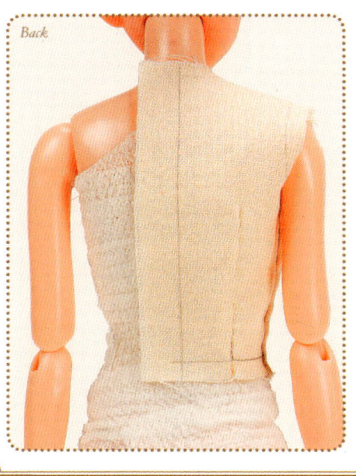
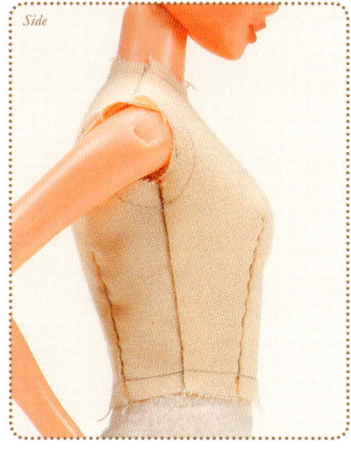

팔이 수평으로 올라가서 소매둘레 부근 작업이 편합니다. 볼륨감 있는 보디지만 작은 인형이라서 다트는 1줄이면 돼요. 허리 위치를 알기 쉽지만 유행에 따라 높낮이를 바꾸는 것도 좋습니다.

momoko™ ©PetWORKs Co.,Ltd. Produced by Sekiguchi Co.,Ltd. www.momokodoll.com

maker PetWORKs   name: 오데코짱과 니키

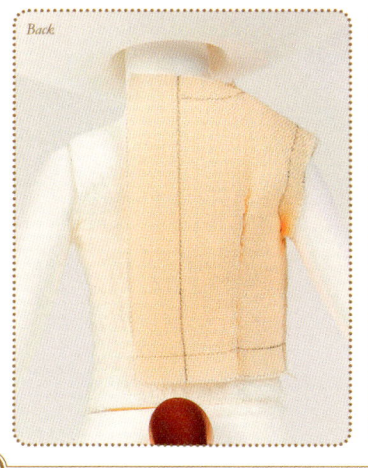
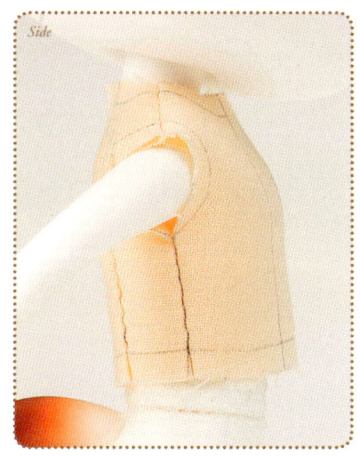

우사기, 조시 등과 같은 보디를 씁니다. 뒤로 젖혀져서 견갑골 위치가 애매하여 뒤 몸판 다트를 정하기 어려울 수 있습니다. 앞 몸판은 앞으로 처졌을 뿐, 다트는 없습니다.

©PetWORKs Co.,Ltd. www.petworks.co.jp/doll

견갑골 위치가 높은 인형은 뒤 다트가 너무 길어져서 보기 흉하기 때문에 일부러 짧은 위치에서 접도록 합니다.

이런 인형은 뒤 몸판을 제작할 때 옆에 시침핀으로 고정하기 어렵기 때문에 마스킹 테이프를 둥글게 말아서 보디와 키친타월을 붙여서 작업하면 된다.

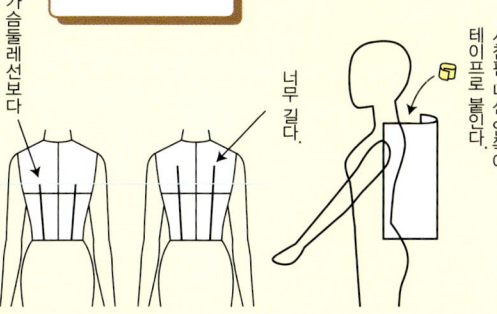

작업이 조금 어려운 체형

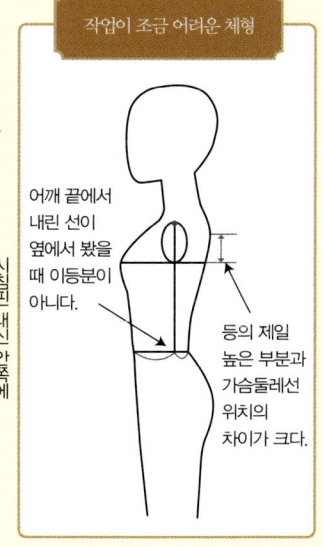

어깨 끝에서 내린 선이 옆에서 봤을 때 이등분이 아니다.

등의 제일 높은 부분과 가슴둘레선 위치의 차이가 크다.

뒤 몸판을 만들기 쉬운 체형

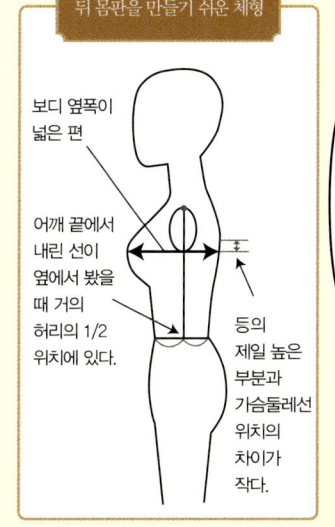

보디 옆폭이 넓은 편

어깨 끝에서 내린 선이 옆에서 봤을 때 거의 허리의 1/2 위치에 있다.

등의 제일 높은 부분과 가슴둘레선 위치의 차이가 작다.

음~ 뒤 몸판만 봤을 때는 조금 달라.

작은 가슴이 패턴을 만들기 더 쉬워?

◇ 당신은 언제나 옳습니다. 그대의 삶을 응원합니다. – 라의눈 출판그룹

처음 시작하는
인형옷 패턴 교과서

초판 1쇄 2016년 9월 19일
　　7쇄 2023년 7월 17일

지은이 아라키 사와코　**옮긴이** 안나진
펴낸이 설응도　**편집주간** 안은주
영업책임 민경업　**디자인** 기민주

펴낸곳 라의눈

출판등록 2014년 1월 13일(제2019-000228호)
주소 서울시 강남구 테헤란로78길 14-12(대치동) 동영빌딩 4층
전화 02-466-1283　**팩스** 02-466-1301

문의(e-mail)
편집 editor@eyeofra.co.kr
마케팅 marketing@eyeofra.co.kr
경영지원 management@eyeofra.co.kr

ISBN : 979-11-86039-63-2 13630

이 책의 저작권은 저자와 출판사에 있습니다.
저작권법에 따라 보호를 받는 저작물이므로 무단전재와 복제를 금합니다.
이 책 내용의 일부 또는 전부를 이용하려면 반드시 저작권자와 출판사의 서면 허락을 받아야 합니다.
잘못 만들어진 책은 구입처에서 교환해드립니다.